企業内キャリアコンサルティング入門

個人の気づきを促し、組織を変える

浅川キャリア研究所所長
浅川正健

ダイヤモンド社

はじめに

2019年4月より働き方改革関連法が施行され、いよいよ企業は適正な働き方への移行を始めました。残業時間の「罰則付き上限規制」や「有給休暇取得の義務化」など、これまでは業務の現状が優先される中で、ともすればなし崩しになりがちだった働き方に、厳しい制約が課されたことになります。

2001年からキャリアコンサルティングの導入を進めてきた厚生労働省は、ここ数年、国を挙げての「働き方改革」に歩調を合わせる形で制度を推進し、拡大に努めています。2016年4月から、キャリアコンサルタントは職業能力開発促進法の改正により国家資格となりました。

キャリアコンサルティングとは、一般的には働く人がイキイキと仕事をすることを支えるための相談機能を指します。本書は特に「企業内キャリアコンサルティング」を主題とし、その望ましいあり方と、実際のキャリアコンサルティング事例を解説することを目的としています。

私は、長く伊藤忠商事に勤務し、エネルギービジネスを担当する商社マンでした。営業の現場から１９９０年に人事部に異動し、そこで早期退職優遇制度に関わる仕事もしました。そのような経験を踏まえて、社員がさまざまな悩みを相談できる機能を社内に持つことが必要である、との思いを抱き、会社に対して積極的な働きかけをした結果、２００１年に「キャリアカウンセリング室」の設置を認められ、初代室長に就任しました。以後、紆余曲折もありましたが、同室は現在も5代目の室長のもとで稼働を続け、毎年５００件を超える相談を受けています。

その後、２０１5年に私は定年・再雇用を終えて同社を離れますが、キャリアコンサルティングの普及をライフワークと考え、多くの企業やキャリアコンサルタントにアドバイスする仕事を続けています。


バブル崩壊後の低成長時代を通して、働く職場の環境は大きく変わりました。インターネットをはじめとするＩＣＴ（情報通信技術）が普及したこともあり、多くの職場で仕事が断片化し、働く人の周囲との協業が減りました。その結果として、職場における人と人とのコミュニケーションも希薄になり、例えば困った時に気軽に相談できる相手も機会も減ったように感じられます。このような変化に対応するために、働く人がイキイキと仕事をすることをバックアップする仕組みはさまざまな広がりを見せてきました。また、企業の経営者にも理解のある方が増えてきたように感じられます。

ただ、一方では現場を支えるキャリアコンサルタントの迷いや悩みは尽きません。相談機能が大切である、との総論賛成の空気は社内にあったとしても、社員が気軽に相談に訪れる存在になるためにはハードルもあります。また、利益をあげる部門ではないために、その存在理由が経営陣になかなか認められないという事例も散見されます。

こうした課題については、担当者の努力によって、かつ時間の経過によって改善に向かうものもありますが、なかなか越えられない壁もあるでしょう。

本書は、そのような現場で努力を続けるキャリアコンサルタントのみなさんに私の経験に基づくアドバイスを提供し、その活動をバックアップすることを一つの目的としています。加えて、その手前の段階にいる方々、つまり社内組織としてキャリア相談の部屋を持ちたいと思いながら、経営陣の理解がなかなか得られないで苦労している方々にも、組織立ち上げのためのヒントを提供したいと考えています。

もちろん、社内事情はさまざまですから、本書で示す知見や手法がどの会社にも普遍的に通用するわけではないでしょう。それでも、本書が何らかの励ましとなり気づきを生み、読者のみなさんの取り組みを半歩でも進めるための手がかりになるなら、これほど嬉しいことはありません。

企業内キャリアコンサルティング入門　目次

はじめに　1

第1章　企業内キャリアコンサルティングとは何か

1　いまなぜ、キャリアコンサルティングが注目されているのか　12
コミュニケーションが希薄な職場の中で　12
キャリア形成における〝気づき〟を支援する　15
厚労省がキャリアコンサルタントを倍増させる目的　17
会社の理解を促すためには地道な実践が欠かせない　19

2　企業内キャリアコンサルティングの基本的な機能　20
キャリアコンサルティングの六つの機能　21
企業内キャリアコンサルタントはどんな悩みを抱えているのか　26
「現場から頼られる専門家」と考えてもらえる存在へ　31

第2章 企業内キャリアコンサルティングの歴史

1 制度とニーズの変遷をたどる 40
時代に合わせて変化してきたキャリアコンサルティングの課題 40
キャリアコンサルティングという概念はキャリアカウンセリングを包含する 42
調査データで見るキャリアコンサルティングの効用 45

2 企業内キャリアコンサルティングをめぐる自分史 50
キャリアコンサルタント人生の始まり 50
CDAという資格を取得 52
「キャリアカウンセリング室」の創設 54
なぜ、これほど広がってきたのか？ 58
目の前の相談者に寄り添えているか 60
人が傷んでからの「メンタルヘルス対策」にしない 62
キャリアコンサルタントは「個人情報保護」とどう向き合うか 65

第3章 企業内キャリアコンサルティングの実践スキル

1 若手・女性・中堅社員の相談 69
事例1「社会貢献できない仕事に意味が見いだせない」 70
事例2「何度も職場復帰に失敗し、自信を失ってしまいました」 78
事例3「職場で力を発揮するにはどうしたらいいでしょうか？」 85

事例4「上司や先輩を裏切るようだけれど、社内公募に応募したいです」 92
2 管理職の悩み 99
事例5「部下がみんな勝手なことを言ってきて、どうしていいかわからない」 100
事例6「部下Fのやる気が低下している。後輩たちがついていけないようだ」 107
3 シニア社員の相談 115
事例7「私が言う通りにやればうまくいくのに、上司は聞く耳を持たないのです」 116
事例8「私にはこんなに立派な経歴があるのに、どうして転職先が決まらないのでしょうか?」 126
4 中途入社社員、障がい者、非正規社員の相談 131
事例9「人生を賭けた転職は間違いだったのだろうか?」 132
事例10「障がいがあって、週末の研修に参加できないのがつらいんです」 137
事例11「正社員でないと相談に乗ってもらえないのでしょうか?」 144
5 相談事例のまとめ 150
相談者と向き合う時に大切なこと 150
管理職の「孤独」に寄り添えるのは誰か? 152
第4章 キャリア相談室立ち上げを考える企業へのアドバイス
1 組織立ち上げ前 159
Q1 相談室開設が上司に認められなかったらどうしますか? 159
Q2 経営陣から「すぐに提案してほしい」と言われたらどうしますか? 160

2 組織立ち上げの初期 163

Q3 伊藤忠で組織をスタートした頃に気をつけたことは何ですか？ 163
Q4 スタート当初、社内への浸透に役立ったことは何でしょう？ 164
Q5 初期の頃、何か困ったことはありませんでしたか？ 166
Q6 相談室を創ってよかったと思うことは何ですか？ 167

3 組織の運用法について 168

Q7 社内に理解者を増やしていくためにどんな工夫をしましたか？ 168
Q8 社員が相談に来るのが当たり前になるような仕組みを教えてください。 169
Q9 キャリアコンサルタントは社内と社外のどちらが望ましいですか？ 170
Q10 人事部内と人事部外のどちらに組織を置くべきですか？ 171
Q11 キャリアカウンセリング室員の資格要件はあったのですか？ 172
Q12 社内のキャリアコンサルタント養成はどのようにするのですか？ 173
Q13 スキルを向上させるために、どんな学びを取り入れていましたか？ 174
Q14 記録の残し方や保管はどのようにしていましたか？ 176

4 具体的な相談について 176

Q15 社員はどんな風に相談に来るのですか？ 176
Q16 キャリアコンサルティングではどんなことを訊くのですか？ 177
Q17 メンタルヘルス対応での関係者との連携はどのようにしたらいいですか？ 178
Q18 転職支援はどのように進めていったのですか？ 180
Q19 海外、地方、出向先でキャリアコンサルティングを実施するには？ 181
Q20 メールカウンセリングをどう思いますか？ 182

5 中小企業に絞って 183
Q21 中小企業で、キャリアコンサルティングを導入するとすれば何から始めたらいいですか? 184
Q22 キャリアコンサルティングの効果がよく見えないので、費用が出せません 185
Q23 納期を守るために、ムダな時間を使えません。キャリアコンサルティングにかかる時間は? 187

第5章 人と組織の活性化を進める導入企業のケーススタディ

1 中外製薬 社員のキャリア開発支援施策を補完する「キャリア相談室」の機能 190
開設から12年で1000人以上が相談に訪れる 190
前向きに先々のキャリアプランを相談する社員が増えた 194
各層のニーズを新しい人事施策に反映させていく 197
事例解説 198
2 佐々木化学薬品 外部のキャリアコンサルティングの力を借りながら制度運用を進める 200
人財育成と不可分な施策としてスタート 200
「何を話せばいいの?」という戸惑いも 203
一人ひとりに合ったキャリアデザインを支援 205
事例解説 208

第6章 企業内キャリアコンサルティング、これからの課題

1 セルフ・キャリアドック制度 213
2 パワハラ防止法 217

3 ストレスチェック制度 219
4 両立支援 221

巻末ブックガイド　もっと勉強したい人のための仕事に役立つ18冊

I キャリアカウンセリングを始めた頃に繰り返し読んだ本 229
1 働くひとのためのキャリア・デザイン　2 オーガニゼーショナル・カウンセリング序説
3 キャリアコンサルティング 理論と実際 5訂版

II 「キャリアについてもっと学ばなければいけないのでは?」と感じる中で出合った本 233
4 不機嫌な職場　5 図解 自分の気持ちをきちんと〈伝える〉技術
6 心の回復 6つの習慣　7 企業内人材育成入門　8 奇跡の脳
9 コーチングの神様が教える「できる人」の法則　10 在宅勤務(テレワーク)が会社を救う

III ストレスのたまる日々に心の豊かさを思い出させてくれた本 241
11 地球とわたしをゆるめる暮らし　12 日本の美徳　13 心

IV 最近のキャリアの動きを把握するのに役立った本 245
14 これからのキャリア開発支援　15 組織開発の探究
16 ライフ・シフト　17 定年後　18 人工知能と経済の未来

おわりに 250

第 1 章

企業内キャリアコンサルティングとは何か

ここではまず、キャリアコンサルティングが
置かれている現状について見ていきます。
その基本的な役割と、厚生労働省が
キャリアコンサルティングの普及をいかに進めてきたか、
それに呼応して企業がどのように動いてきたのかを解説しましょう。

1 いまなぜ、キャリアコンサルティングが注目されているのか

コミュニケーションが希薄な職場の中で

「キャリアコンサルティング」は、狭義では学生を対象に就職指導をすることを指し、指導する人をキャリアコンサルタントと呼ぶ、と理解されている方が多いかもしれません。確かにそのような機能も世の中にはありますが、本書で言うキャリアコンサルティング、キャリアコンサルタントは、少し違います。

キャリアコンサルティングとは、働く人の職業の選択、職業生活の設計、職業能力の開発・向上に関する相談に応じ、助言や指導を行うことを言います。

その詳しい機能については後で説明しますが、基本的には、働く人が時々に抱える迷いや悩みの相談に応じ、その人のキャリア形成に関する考え方を聞きながら、イキイキと仕事を

していくことをバックアップする役割、そして結果として組織に資する役割を果たします。

言い換えれば、働く個人にフォーカスしながら、ひいては組織の健全化を支えることで経営に資する役割でもあります。法律化され、厚生労働省がいま養成を急いでいるキャリアコンサルタントは、そのような役割を帯びた人です。ただし、その機能は経済環境が変わり、職場のありようが変わる中で大きく変化してきました。

バブル経済が崩壊し、「失われた15年」とか「失われた20年」などと言われる低成長の時代を通し、働く私たちの気持ちは大きく揺れてきたように感じられます。

経済状況はその後、やや好転したかもしれませんが、いわゆる「リストラ」が経営戦略として恒常化し、多くの業界で再編が起きるなど、日本の産業の姿は大きく変わりました。多くの職場では業績にかかわらず働く意欲や学ぶ意欲、あるいは助け合う余裕をなくしているようにも感じられます。

情報環境も大きく変わり、例えばホワイトカラーの業務は1日の大半をパソコンのディスプレイと向き合って進められるようになりました。１人の社員が受け持つ業務は断片化され、そのことが職場でのコミュニケーションが図りにくい要因にもなっています。

社員個々人を見ても、コミュニケーションが希薄な職場の中で自らの成長や貢献を実感できず、将来のキャリアについて不安を持つ方が増えているのではないでしょうか。入社3年以内に3割が辞める「早期離職」の問題も人事部門を悩ませています。これについても、職場の中に気軽に相談できるようなコミュニケーションの風土があれば、離職を思いとどまるケースが増えるのではないかと思います。

他方、マクロの視点からは、経済のグローバル化や少子高齢化、慢性的な人手不足、ＡＩ（人工知能）の発展による仕事の消滅不安など、多くの要因によって働く人はストレスを感じています。

仕事を進める上で働く人が抱える悩みや課題は、ひと昔前に比べれば多様になり、時に複雑化しています。そこで専門機能としてのキャリアコンサルティングが求められるようになってきたのです。

キャリア形成における〝気づき〟を支援する

もちろん企業の経営者は、そのような職場の変化を察知した上で、社員のストレスを軽減するような人事制度を構築したり、環境変化に対応するための社員研修の実施などを進めてきました。

しかしながら、経営者の目配りも完全ではありません。例えば若手社員の疑問に答えることなく「いいからやれ！」と言わんばかりの旧来型の指導が残っているケースも少なくないでしょうし、当然のこととはいえ業績重視のマネジメントを過度に進める管理職もいるでしょう。

このような要因から、働く現場のコミュニケーションは不足しがちです。ひいては、しっかりした人間関係が築きにくい、という職場も少なくありません。

そのような状況にあって、現在は、働く人自身が職業生活の設計とそのための能力開発をすることが国の法律で求められています。企業もその支援のためのキャリアコンサルティングを提供できるように体制を整えることが求められています。キャリア形成における〝気づき〟を支援することが大切な役割となってきたのです。

そのような「キャリア形成支援」の一つの形として、社員が1対1で安心して話せる「場」を企業が用意して、自分自身を見つめ、考えてもらうことが大切だという気運が芽生えてきました。

企業内キャリアコンサルティングとは何か、という問いに端的に答えるとすれば、繰り返しになりますが**「働く人がイキイキと仕事に集中できる」ように支援すること**と言えます。具体的には、働く人が仕事に取り組む上での困難に関して相談に応じ、〝気づき〟を与えることがひいては組織課題の解決にもつながる。そのような役割が求められているのです。

前述のように、職場のコミュニケーション環境が激変する中で、本来であれば上司が部下の相談相手になることが基本であり望ましいのでしょうが、必ずしも理想通りにはいきません。そうした状況を踏まえ、専門知識を持った部署がサポートすることが「企業内キャリアコンサルティング」の機能の入り口と言えます。

厚労省がキャリアコンサルタントを倍増させる目的

安倍晋三内閣が2014年に発表した「日本再興戦略」では、キャリアコンサルティングの体制整備を打ち出しました。

「キャリア・コンサルタントは、自らの職業経験や能力を見つめ直し、キャリアアップ・キャリアチェンジを考える機会を求める労働者にとって、身近な存在であることが必要である。このため、本年夏までにキャリア・コンサルタントの養成計画を策定し、その着実な養成を図るとともに、キャリア・コンサルタント活用のインセンティブを付与すること等について、本年8月末までに検討を進め、結論を得る」としています。

これを受けて厚労省は2016年に職業能力開発促進法を改正し、それまでは民間資格だったキャリアコンサルタントを2016年4月から国家資格としたのです。

そして2019年8月末現在、4万4719人（厚労省調べ）となったキャリアコンサルタントを、2024年末に10万人に倍増する計画が進行しています。

企業におけるキャリア相談と言えば、かつては「転職支援」や「メンタルヘルス不調社員の職場復帰支援」と同義だったかもしれません。いまでもそのような役割だと捉えている方も少なからずいると思います。

無論、メンタルヘルス不調という一面に限っても、周囲との関係や仕事上の課題によって苦しくなってからではなく、いつでも相談できる場が社内にあることは、社員が仕事に集中できる安心感につながることは間違いありません。

ただ、現在、厚労省が主導するキャリアコンサルティングは、キャリアコンサルタントにもっと多様な「個と組織に資する機能」を求めています。

2016年4月に施行された「改正職業能力開発促進法」には、「労働者は、職業生活設計を行い、その職業生活設計に即して自発的な職業能力の開発及び向上に努めるものとする」とあります（第三条の三）。一方、事業主は従業員が求めたらそのために、「業務の遂行に必要な技能及びこれに関する知識の内容及び程度その他の事項に関し、情報の提供、キャリアコンサルティングの機会の確保その他の援助を行うこと」（第十条の三）と規定されています。

つまり、この法律により、働く人はみな「自分のキャリア」を意識して開発していくことが期待され、それに対して企業はキャリアコンサルティングの機能を用意して働く人を支えることが求められていることになります。キャリアコンサルタントへの期待も高まってきました。

会社の理解を促すためには地道な実践が欠かせない

国の方針もあり、キャリアコンサルタントの有資格者も年々、着実に増えてきています。とはいえ、キャリアコンサルティングに対する企業の理解が右肩上がりに進んでいるわけではない、ということも指摘する必要があるでしょう。

総論では賛成である、または、賛成とまでは言わないが、その必要性は理解できる。そのように考える企業経営者であっても、いざ「自社でも実践するか」という判断となると、積極的にゴーサインを出せるわけではありません。キャリアコンサルティングは直接的に利益に貢献しているとは言いにくいためです。コストセンターとしての活動と見られていることすらあります。

そこから、熱意のある担当者の悩みが生じます。会社としての理解が進まなければ、社員の行動も変わりません。「キャリア相談のための部屋」が「転職を上手に勧められる部屋」であるとか、「不調な人が相談に行く部屋」であるという偏見を持つ社員や企業もまだまだ少なくありません。

このような偏見を即座に解消する手立ては残念ながらなく、地道な実践を重ねるしかありません。少なくとも、「この部署は、どのような機能を果たすものか」を正しく理解し、あるいは周囲の理解を促し、その機能が「経営に資するものである」ことを納得してもらう必要があります。

そこで次に、企業内キャリアコンサルティングが果たすべき基本的な機能について、説明することにしましょう。

2 企業内キャリアコンサルティングの基本的な機能

キャリアコンサルティングの六つの機能

私は、２００１年から伊藤忠商事でキャリアコンサルティングを進めてきた中で、その機能は次の六つであると考えるようになりました。

①アンテナ機能
②相談機能
③問題解決機能
④連携機能
⑤人材育成機能
⑥提案機能

以下で、それぞれの機能について解説します。

①アンテナ機能

社員との面談を通して、その社員についてだけでなく、その社員が働いている職場の状況も知る、ということです。

職場の雰囲気やメンバーの人間関係、上司のマネジメントの実態などを知ることは、「イキイキと働ける職場」を創るための基礎情報としてきわめて重要ですし、「リスク管理」にもつながります。

これは、必ずしも「問題」を明るみに出すことを目的とするわけではありませんが、例えば、メンタルヘルスの問題のように、それまで気づいていながら先送りにしていた問題を浮き彫りにする効果もあります。

②相談機能

前に述べたように、職場での人と人とのコミュニケーションが希薄になりがちな昨今、それを支援する立場として専門スタッフが社員の「キャリア相談」を行うことは、その職場の管理職にとってだけではなく、経営にとっても大切な役割だと言えます。

社員にとっては、安心して相談できる場と考えてもらうことが望ましいでしょう。同時に、成長につながる一歩を踏み出す場である、と理解してもらうことが理想です。

③問題解決機能

上司・部下間のコミュニケーションの希薄化やハラスメント、メンタルヘルス不調など、働く場所で個人が見舞われるさまざまな問題に対応する機能です。

これまでも社内の組織が仕組みとして諸問題の解決に当たってきたはずですが、おそらく万全ではないでしょう。重要なのは、キャリアコンサルタントのアンテナが捉えた社員の悩みなどについて本音ベースの相談を受けていれば、問題解決へのきっかけになる、ということです。それには、社内組織であることが効力を発揮します。

働く人が抱える問題や課題を聴き取り、解決に向けて本人が考えて動けるように支援することが、キャリアコンサルティングのもっとも本質的な役割と言えるでしょう。

④連携機能

社員個人の悩みや相談に乗るという1対1の関係だけではなく、そのような情報を踏まえ、個人情報の守秘義務に注意しながらも複数の部門の連携に資することも、キャリアコンサルティングの重要な機能です。個人的な相談にとどまらず、マネジメントの問題として解決を図ることにつながります。

また、人事関連の制度や運用について、キャリアコンサルタントが意見を述べたり、定例会を持つようになることもあります。

⑤人材育成機能

日常的な上司の指導（ＯＪＴ）が企業における人材育成の柱であることは言うまでもありません。しかしながら、再三申し上げているような社内コミュニケーションの現状を考えると、その部分を補完する仕組みがあることは望ましいと考えます。

また、キャリアコンサルタントが研修講師となって、具体的な事例を与えて受講者に考えてもらうことも有効です。上司の指導方法やコミュニケーションについて、部下の考え方との間にズレがあるような場合には、上司に気づきを促すことで人材育成につながります。

⑥提案機能

職場や人事に関わる諸制度について、キャリアコンサルタントが現場に密着しながらも客観的な意見を述べることで、改善のヒントを提供できます。また、従来なかった仕組み、例えば新入社員研修、中途入社社員研修、中高年社員研修にキャリア形成やキャリア相談のコーナーを設ける、といった提案も受け入れられやすくなると考えます。

キャリアコンサルタントが、経営に対して会社のいまを伝える「語り部」的な役割を担うことができれば、この提案は組織の改善につながることもあるでしょう。

＊　＊　＊

以上が、キャリアコンサルティングに期待される基本的な機能です。

「期待される」という表現を、あえて使いました。というのは、厚労省もキャリアコンサルタントの養成に力を入れ、その数も増えているとは言うものの、現状ではまだまだキャリアコンサルティングに対する産業界の理解は十分ではなく、企業内に専門組織として配置する企業も決して多いとは言えないからです。

私自身は企業内での実践として、多くの社員と面談を重ねてきましたし、いまもさまざまな企業の人事部やキャリアコンサルタントの相談を受けながら、組織内に普及させること、十分な機能を果たすことの難しさを痛感しているところです。

いま大事なことは、ここまで述べたようなキャリアコンサルティングの機能を多くの方に理解していただき、それが本当に職場にプラスをもたらし、経営に資するものであることを知っていただくことでしょう。

企業内キャリアコンサルタントはどんな悩みを抱えているのか

組織内に普及させることの難しさと、六つの機能を果たすことの難しさについて、多くの企業内キャリアコンサルタントが抱えている悩みと方策を紹介しましょう。

①アンテナ機能の悩みと方策

「アンテナはしっかり張っているつもりですが、そもそも社員が相談に来ないのです」

企業内にキャリア相談の組織を創れば、すぐに社員が信頼して本音で語ってくれる、というものではありません。

最初は、その背景にどのような問題があるのか、本人が目の前で語っていることの裏側には何があるのか、話を丁寧に聴くことから始めましょう。また、上司と部下がそれぞれ別の機会に相談に来れば、客観的に判断しやすくなります。

そのためには、まずキャリアコンサルティングの基本的な役割について「社内広報」をきちんと実施することが必要です。

そのように活動を始めると、相談に訪れた社員が、「キャリアコンサルティングって人事部に自分のマイナスの情報を知られたり、退職させられたりするものではない。落ち着いて振り返ったり、これからのことを前向きに考えたりするチャンスをくれる場所だ」と周囲に言ってくれることが期待できます。

社内で認知されるのに時間がかかることは、やむをえないところです。

最初から「アンテナ機能があります」と宣言するようなことではなく、目指すべき一つの機能と捉えていただければ、キャリアコンサルティング組織の開設時に理想を追いすぎて悩む必要はありません。

経営層や人事部門でも、過去には「あの人のところに行くと何でもわかる」ということがあった時代を覚えておられ、その意味がわかってもらえると思います。

②相談機能の悩みと方策

「相談に乗ろうと待っているのですが、最初から本音でなんて話してくれません。それほど社員はキャリアコンサルタントを信頼していません」

まずは、キャリアコンサルタント自身が安心して話せる「相談の場」を作るのだという覚悟を持って臨むことです。社員が「行ってよかった」という体験をすれば、それが口コミで浸透していき、文化として根付いていきます。あきらめないでください。（第4章「キャリア相談室立ち上げを考える企業へのアドバイス」もご参照ください）。

実際、キャリアコンサルタントの役割は大きくなってきています。企業は効率性を追求し、人員にゆとりがなくなってきています。目標数字の達成に追われる中間管理職は部下の悩みを聴く余裕もなく、部下の育成どころか、悩みに気づくことすらできないでいます。部下はどこに相談したらいいのかわからず、仕事にやる気が持てないでいます。あるいは、中間管理職自身が目標達成を強く要求してくる上からの圧力と、自分で考えて行動してくれない部下の間に入って疲弊しているケースもあります。そんな職場は実に多いのです。キャリアコンサルティングという心から信頼できる場所があれば、その安心感から社員も仕事に集中できることでしょう。

③問題解決機能の悩みと方策

「問題解決に向けて動こうとしても、『キャリアコンサルティングがどういうものか知らないが、この問題には触らないでくれ』と言われます」

安心して話せる「相談の場」では、「社員の問題を解決してあげる」という語りかけはするべきではありません。

「相談の場」を標榜していても、どこまで話してよいのか、誰かを傷つけないか、自分の将来のキャリアにマイナスにならないかと、社員は不安を感じるものです。

また、いわゆる「困った社員」が目の前にいる上司は、「何とか対応策を考え、対処してほしい」と頼る姿勢になりがちです。

しかしながら、そのような姿勢では問題の本質は見えませんし、本当の意味での解決にはつながりません。時には、問題の真因が、上司の言葉や態度であることに気づくこともあります。

しっかりと関係者から話を聴き、それぞれが自ら考えて行動するようになり、あとあと依存されるのではなく、関係者が二度と同じ問題が起きないよう、どうしたらいいかまで考えるようになることで、問題は一つひとつ解決します。そのきっかけ作りになることこそ、キャリアコンサルティングの目標になります。

社員が相談に来た時、何か問題が起こっているらしいという先入観を持たずに、さまざまな角度から話をしてもらっているうちに、その社員の心の中で自らの捉え方の問題だと気づき、今後の処し方の話にまで至り、結果的に「問題解決」となることもあります。

そこから、以下に説明する「連携機能」や「提案機能」などで、「個」の問題から「組織」全体の問題という見方になり、これも解決への糸口になることがあります。

「現場から頼られる専門家」と考えてもらえる存在へ

④連携機能の悩みと方策

「連携どころか、『キャリアコンサルタントには、いったいどんな専門性があるんだ』『社員のトラブルに関してどこまで細かいことを知っているんだ。知っているなら全部オープンにしないで事件が起こったら責任が取れるのか』などと言われて、社員と会社の間で立ち往生しています」

かつては、「連携を取る」と言うと、問題に対処するために関係者が招集され、それぞれの立場から担当責任を果たしているかどうかを検討することが議論の中心になりがちでした。

現場が困った時に、関係者（上司を含めた職場の社員、管理をする側、産業医、主治医、ご家族など）が連絡を取り合えるようになれば「連携」はスムーズに進みますが、最初の段階として、職場内に「信頼の輪」を広げていくことに集中することが肝要です。

「キャリア」「キャリア形成支援」「キャリア自律」「キャリアコンサルティング」への理解

が広まっていないと感じたら、社内の要所要所に、「人材」「モチベーション」「コミュニケーション」といったキーワードに関心が高い経営や枢要なポストの方を探し、相手の求めるスタイルで情報を提供していくことが大事です。

そのような輪の中で、キャリアコンサルタントが「現場がよく見えている、現場から頼りにされている専門家」として、聴くに値すると考えてもらえる存在になることが大事です。周囲からの相談であっても、問題解決だけを目指すのではなく、「人材育成」から「提案」にまでつながるようないくつかの機能を意識したアプローチが望ましいと考えます。

そうした機能の広がりを持たせるためには、次のような「定例会」方式がお薦めできます。最初は週に1度、月に1度、30分だけでもいいので、「組織」すなわち会社全体や部門単位という視点と、「個」すなわち社員という視点で、異動、考課、採用や研修などについて現場から見えてきていることを語り、経営層や人事部門で進めようとしている人事施策について話し合えたら、経営層や人事部門と現場は密着した関係になっていきます。

また「産業医」や「主治医」「ご家族」とも連携することが大切なのですが、医療の世界やプライベートに入り込むことには高いハードルがあります。

とはいえ、私自身が十数年にわたって社員と1対1のキャリアコンサルティングを実施する中で起こってきたのは、信頼に基づいて本人から紹介されて「連携」につながることが多くなっていったということです。メンタルヘルスケアの大会に自社の産業医をお招きしたり、「企業研究会」講演資料に意見を述べたり、社内でのメンタルヘルスのセミナーにキャリア領域から一緒に参加するなどということがありました。

また、社外の企業で、組織内に新しい制度・機能を導入する企画・提案について悩みを持っている人事部員、キャリアコンサルタントの仲間同士の連携も大変貴重であり、重要です。

最後に、本当に大事な「連携」は、現場の「上司」を含めた社員と一緒になって、「イキイキした職場」を創り出すための率直なやりとりです。「相談に来る」「相談に行くように勧める」「決して弱い社員やトラブルのある社員が相談に行く場所ではないと話してくれる」。こうしたことも大事な「連携」「つながり」「きずな」だと考えます。

⑤人材育成機能の悩みと方策

「人材育成については、これまで社内外で知識・経験を深め、自社の研修体系を熟知した〝神様〟のような専門家がいます。そのため、何か気になることやアンテナに引っかかることがあっても、育成の全体像や、それぞれの細部についてわかっていないと、発言が許されない空気があります」

1対1のキャリアコンサルティングの場での本人の気づきや、質問を受けての内省は、個々の成長につながります。

部下を持つ上司という立場の場合は、より広範囲に影響を持つ組織内での「人材育成」への支援になります。研修を通じて、気づき、スキルを身につけるだけでは、現場で使いこなすまでに至らないこともあるのです。

一方、研修講師としては、時代の流れを踏まえた問題の解説、会社の中で何が起こっているかを取り上げました。特定の個人の情報をそのまま使うことはありませんが、さまざまな具体例を入れて話すようにしました。その場で、身近な問題か、本人にもこれから起こりうる内容かなどについて、気づきから内省につながるように話すことは、人材育成の基本です。

また、研修と言うと会社全体の集合研修がイメージされるかと思いますが、徐々にカンパニー、部門、部の主管者といったトップからセミナーで講師を依頼されることが増えていきます。そこでは、何か指導されるというのではなく、周囲の仲間が抱えている問題からも学びにつながっていきます。

これは結果として、「個」から「組織」に資する機能だと考えます。「個」の場合は、丁寧に「聴く」ことから広がり、あえて言えば、研修や上司からの相談の場では「訊く」「質問する」ことも重要な「人材育成」につながります。

キャリアコンサルタントからの「それでは部下にどのような質問をしていますか？」「部下からの返事はどのようなもので、あなたはそれにどんな反応をしましたか？」といったやりとりにつながります。

まだまだ「人材育成」をしているつもりで、厳しい言葉を投げかけるだけだったり、放置していたり、反応をしないままに評価をしたりして、従来型の指導法を貫いていることもあるのです。

⑥提案機能の悩みと方策

「提案したいと思っても、いつ、どこに、どんな風に持っていけばきちんと聴いてくれる人がいるのかわかりません」

会社への提案というのは、経営に対する提言というような大仰なことだけを指していません。

「最近、多くの企業や同業他社でこんなことが起こっていますが、この部署ではどうですか？」

「こんな考え方で新しい動きがありますが、部下にこんなアプローチをしたらどうなんでしょうか？」

このような語りかけだけでも何かが動き出すことがあります。

関係部門との月に1度、あるいは週に1度の定期的な打ち合わせの会からスタートして、徐々に輪が広がり、逆に依頼を受けて会議への出席を求められるケースも出てきます。また、場合によってはメンタルヘルス問題で組織としてどうあるべきかの相談を受け、キャリアコンサルタントとしての提案につながることも出てきます。

信頼をベースとする個別の相談の中で、どのような外部のセミナーがあるかとか、書籍を紹介してほしいとか、キャリア関連の先生やネット記事の紹介を求められるとか、それらに答えることも小さくても提案機能の一つの形と言えます。

＊　＊　＊

六つの機能は、必ずしも同時並行で発揮されるようになるとは限りません。あるいは、組織の文化を勘案しながら、一つひとつ機能を実現していくステップを考える必要があるかもしれません。少なくとも、最初から理想型を追って、フル装備のキャリアコンサルティング実施を求めるのは無理があります。

大事なことは、組織全体への普及を焦らず、目の前の1対1の相談を丁寧に行うことです。そうして実績を一つひとつ積み重ねることによってしか、信頼の輪を広げることはできません。

ぜひ、ゆっくりであっても、着実に進めていってほしいものです。

第 2 章

企業内キャリアコンサルティングの歴史

前章では、
企業内キャリアコンサルティングの機能を解説してきましたが、
本章では少し時間をさかのぼって、
キャリアコンサルティングの進展と定着の経緯をたどります。
あわせて、伊藤忠商事で私が携わった
キャリアカウンセリング室の開設についても振り返ってみます。

1
制度とニーズの変遷をたどる

時代に合わせて変化してきたキャリアコンサルティングの課題

本章では、少しさかのぼって、カウンセリングから始まったキャリアコンサルティングの歴史をたどってみたいと思います。労働と研修のシンクタンクである労働政策研究・研修機構の「労働政策研究報告書№.１７１」（２０１５年）を参照しながら、解説していきます。

日本の産業界におけるキャリアコンサルティングの第一歩は、１９５０年代の産業カウンセリングにさかのぼります。１９５４年に日本電信電話公社（現・ＮＴＴ）がカウンセラー制度を試験的に導入しました。それに、国際電信電話（現・ＫＤＤＩ）、松下電器産業（現・パナソニック）、明電舎、神戸製鋼所などが続きました。

1960年代にかけて広がった産業カウンセリングでしたが、その狙いは、「封建的」な管理・監督者と部下との関係を問題視し、管理・監督者にカウンセリング意識を持たせることで、職場の人間関係や、ひいては職場の風土そのものを改善しようということであったようです。

当時、『監督者のための産業カウンセリング入門』（牛窪浩著、ダイヤモンド社）、『職場のカウンセリング』（杉溪一言著、誠信書房）など、書籍も次々に刊行されました。カウンセリングは、ちょっとしたブームになりました。

しかし、70年代になると、企業の関心は企業内での人材育成全般に移ります。オイルショックによる業績低迷期を経て、人材のスキルアップによって総合力を強化しようという企業が増えたのかもしれません。そのような事情から、キャリアカウンセリングは冬の時代に向かいました。

続いて80年代には、それまでの悩み相談、人事相談というテーマから、生涯学習、生涯にわたる職業能力開発という観点で、再び企業のキャリアカウンセリングへの関心が高まります。いまで言う「キャリア自律」の考え方の萌芽と言えるでしょう。

90年代以降は、本書冒頭で述べたように、バブル崩壊後の低成長の時代から、ビジネスマンの気持ちの揺れに対応して、悩み相談という役割が再び注目されるようになります。多くの業界で再編が進み、リストラの事例も増える状況を背景として、メンタルヘルスのケアも大事な課題になりました。

このように、上司・部下間の関係の調整から、職場風土の改善、そして生涯教育、さらには悩み相談への回帰というように、キャリアカウンセリングの中心課題がシフトしていったのです。

そして、2019年のいまは、働き方改革関連法の施行に伴い、単なる労働時間の短縮にとどまらず、職場内での働き方の質や、それを支えるコミュニケーションのあり方が問われるようになりました。個と組織の関わりの改善に向けて、多くの企業がそれぞれの取り組みを始めています。その中で、社員がイキイキと働くことを支えるのがキャリアコンサルティングであると、その真価についても、あらためて理解が進んでいくことが期待されます。

キャリアコンサルティングという概念はキャリアカウンセリングを包含する

ここで、キャリアコンサルティングという用語と概念について、その変遷をたどっておきたいと思います。と言いますのも、本書ではこの後、キャリアコンサルティングとキャリアカウンセリングという言葉が混在して使用されますので、読者のみなさまを混乱させてしまうおそれがあるからです。

そもそも、2000年当時の厚生労働省は、キャリア・カウンセリングという言葉を前面に出して、人材育成を働きかけていました。しかし2001年に同省は第7次職業能力開発基本計画で「キャリア・コンサルティング」という言葉、概念を打ち出します。「カウンセリング」から「コンサルティング」へと変わったのは、「カウンセリング」という言葉がメンタルヘルス不調者への対応という医療面への印象が強く、誤解を招くおそれがあるので避けた、ということを省内の方に聞いたことがあります。

その後、社員を対象とするキャリアカウンセリングだけでなく、経営層、人事部、職場の上司を含めた周囲との情報共有、そして社内の研修講師などと、その機能が広がるにつれ、私も明らかに「コンサルティング」という機能も意識的に重視していかないといけないと思うようになりました。

ちなみに、私が2000年に取得した資格はCDA（キャリア・デベロップメント・アドバイザー）です。当時は、国がその養成講座のレベルを認めている公式な資格で、他にキャリアカウンセラー、キャリアファシリテーター、キャリアマスターなどのさまざまな名称があります。後で、これを「標準レベルの資格」と呼ぶようになります。

伊藤忠商事では、相談に来た社員に何かを教えたり指導するものではない、と主張し、キャリアカウンセリング室という呼称で発足して、いまでもその部署名のまま活動を続けています。

厚労省の考え方は措《お》くとして、キャリアコンサルティングという概念は、キャリアカウンセリングを包含するとご理解いただければいいと思います。つまり、1対1の相談の場面で行われる対話は、キャリアカウンセリングに他なりません。しかし、先に挙げた六つの機能に見るように、社員の悩みの解消のために、少し幅広い機能が求められています。ですから、1対1のキャリアカウンセリングを基本として、個人の悩みを解消するだけではなく、組織の改善に貢献する役割としてキャリアコンサルティングという職能がある、という考え方です。

キャリアカウンセリングを基本として、組織に働きかけるキャリアコンサルティングがある。そのようにご理解いただいて、以下を読み進めていただければと思います。

少し細かい話になりますが、キャリア・カウンセリングからキャリア・コンサルティングへと用語が変わった後、2016年に法制化の中で間の「・」が外れて、厚労省はキャリアコンサルティングと呼ぶことになります。

本書の以下の記述では、少し時系列が行きつ戻りつするところがありますが、キャリア・コンサルティングと呼ばれていた時代の事柄も含めて、キャリアコンサルティングと表記することをお断りしておきます。

調査データで見る キャリアコンサルティングの効用

では、キャリアコンサルティングにはどのような効果があり、ニーズがあるのか、調査データを見ていきましょう。調査データは、労働政策研究・研修機構による2017年の調査で、20代から60代までの働く男女9950人を対象にしたものです。

調査対象者のうち、キャリアコンサルティングを受けた経験のある人は全体の11・2%、

図表1 **相談内容では「転職」「仕事内容」「自分の職業の向き不向き」が上位**

転職	53.8%
仕事内容	35.3%
自分の職業の向き不向き	24.8%
賃金や処遇	22.0%
モチベーション・アップ	18.3%
職業能力の開発・能力アップ	16.5%
学生時代の就職活動	14.9%
将来のキャリア計画	14.8%
職場の上司との人間関係	13.5%
残業や労働負荷	11.2%

注：キャリアコンサルティング相談経験がある者に何を相談したのかを聞き、その回答を集計した。
出所：労働政策研究報告書No.191「キャリアコンサルティングの実態、効果および潜在的ニーズ」

1117名でした。

まず、キャリアコンサルタントへの相談では、もっとも多いのは「転職」（53・8％）でした。次いで「仕事内容」（35・3％）、「自分の職業の向き不向き」（24・8％）と続いています（図表1）。

図表には示していませんが、年代別に見ると20代前半は「学生時代の就職活動」（47・1％）がもっとも多い相談でした。ここには業務に不慣れな時期で、この仕事、この会社で良かったのかどうか、職業選択を振り返った相談をする若者が多いことがうかがわれます。20代後半から50代後半までは「転職」が不動のトップ。以下、ライフステージによっ

図表2　**過半の人が「役立った」と回答**

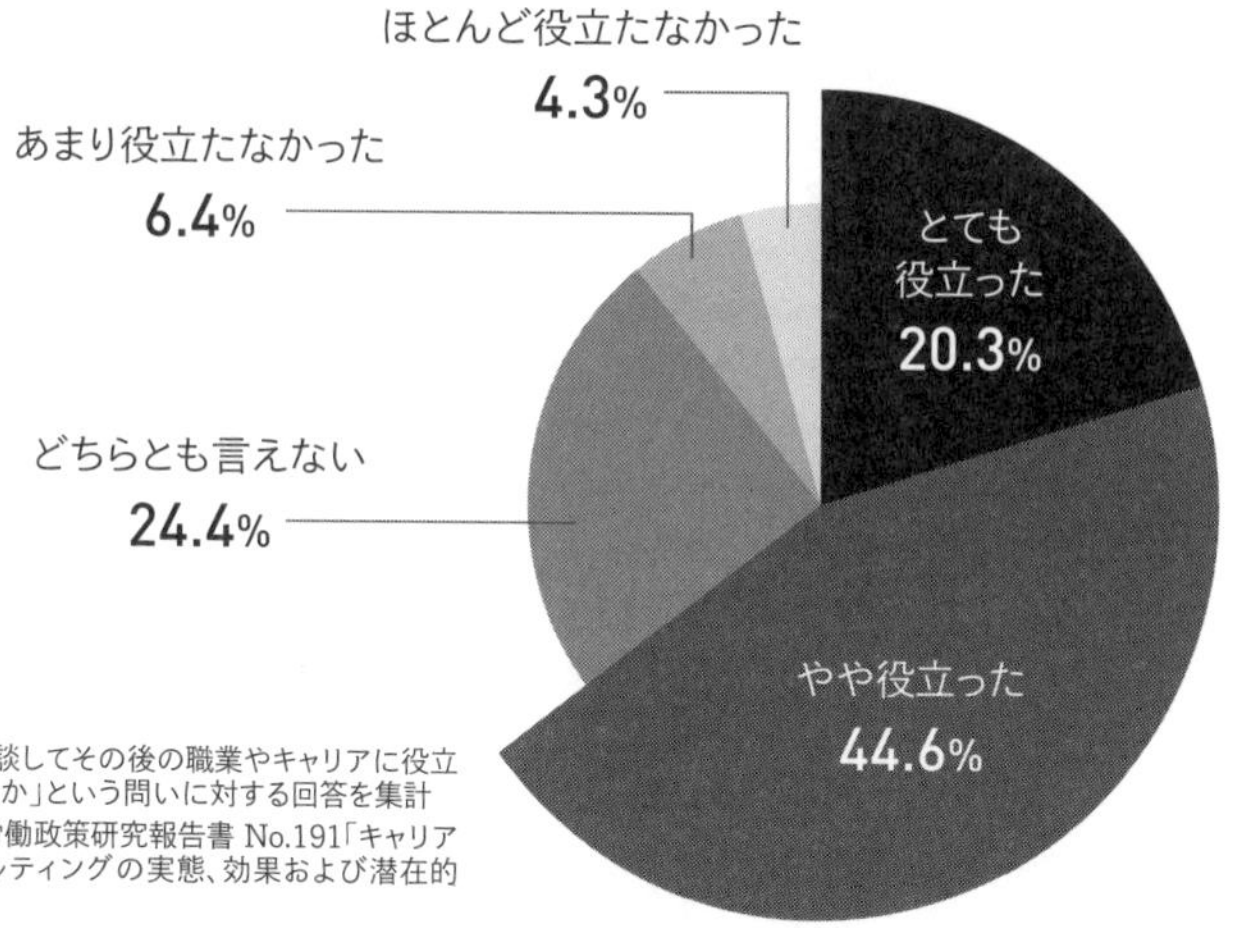

注：「相談してその後の職業やキャリアに役立ちましたか」という問いに対する回答を集計
出所：労働政策研究報告書 No.191「キャリアコンサルティングの実態、効果および潜在的ニーズ」

て「賃金や処遇」「モチベーション・アップ」が上位に来るなど、時々の相談テーマが少しずつ変わっていく様が浮き彫りになります。

男女別ではどうでしょうか。女性については「仕事内容」（47・0％）、「自分の職業の向き不向き」（31・2％）、「残業や労働負荷」（15・3％）などが上位で、かつ、それらは男性に比べて統計上有意に数値が大きいという回答になっています。

次に「キャリアコンサルティングが役立ったか？」という問いに対して、「とても役立った」（20・3％）、「やや役立った」（44・6％）と合わせて65％を占めています（図表2）。「あまり役立たなかった」（6・4％）、「ほとん

図表3 キャリアコンサルティング経験者の65%が「変化した」

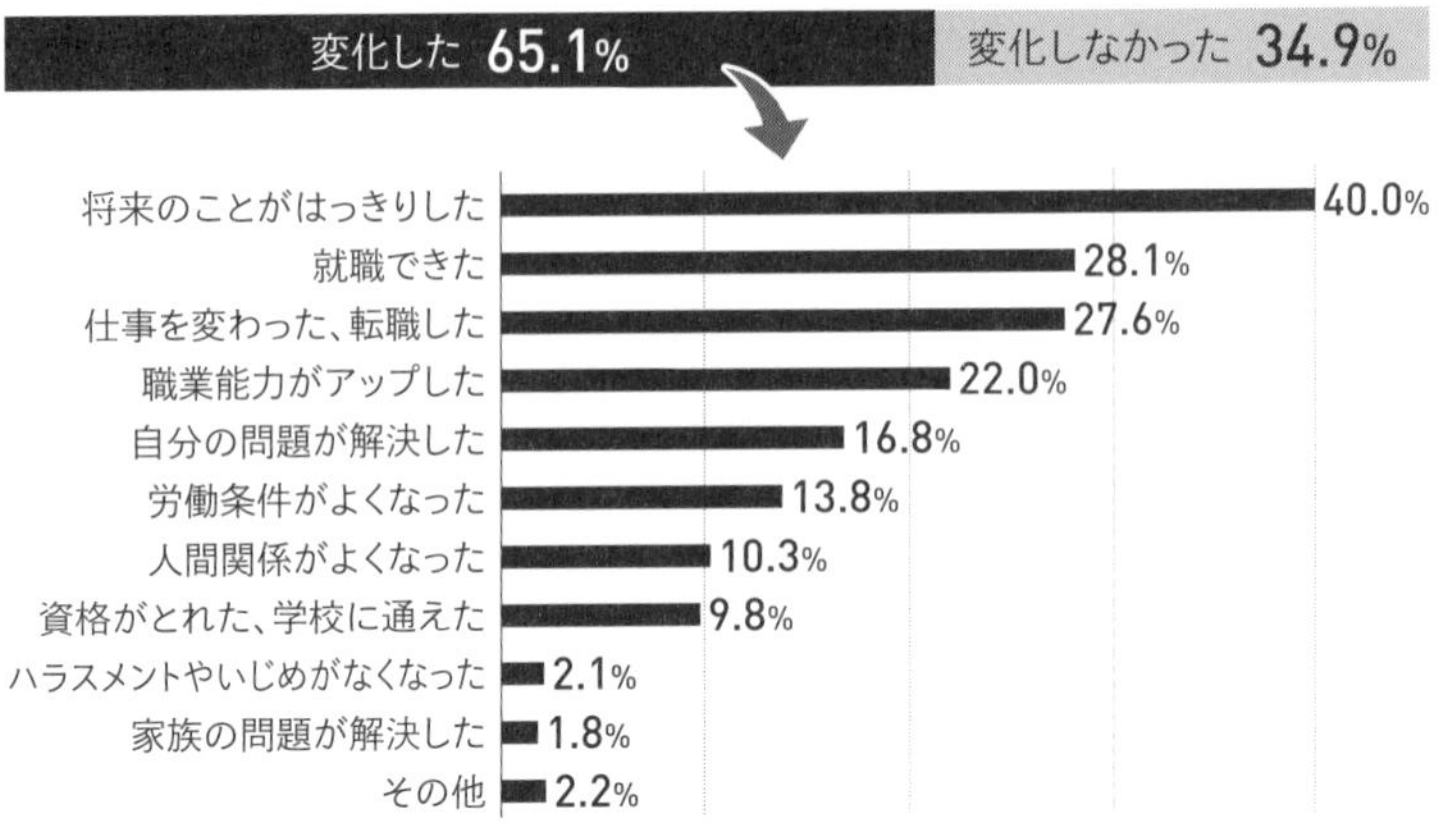

注：キャリアコンサルティング後にキャリアや職業生活が変化したかを聞き、その回答を集計。
出所：労働政策研究報告書No.191「キャリアコンサルティングの実態、効果および潜在的ニーズ」

ど役立たなかった」（4・3％）に比べると、大きな差があります。

また、キャリアコンサルティングによる「効果」の内容についてですが、キャリアコンサルティングを経験した人のうち、65・1％が「変化した」と回答しています（図表3）。どのように変化したかについては「将来のことがはっきりした」（40・0％）、「職業能力がアップした」（22・0％）、「自分の問題が解決した」（16・8％）などの回答が上位に挙がりました。

「仕事を変わった、転職した」（27・6％）という回答も上位でしたが、キャリアコンサルティングを一つのきっかけとして、職業生活の設計を見直した結果、ということだと思

図表4 **若年層ほど相談ニーズが高い**

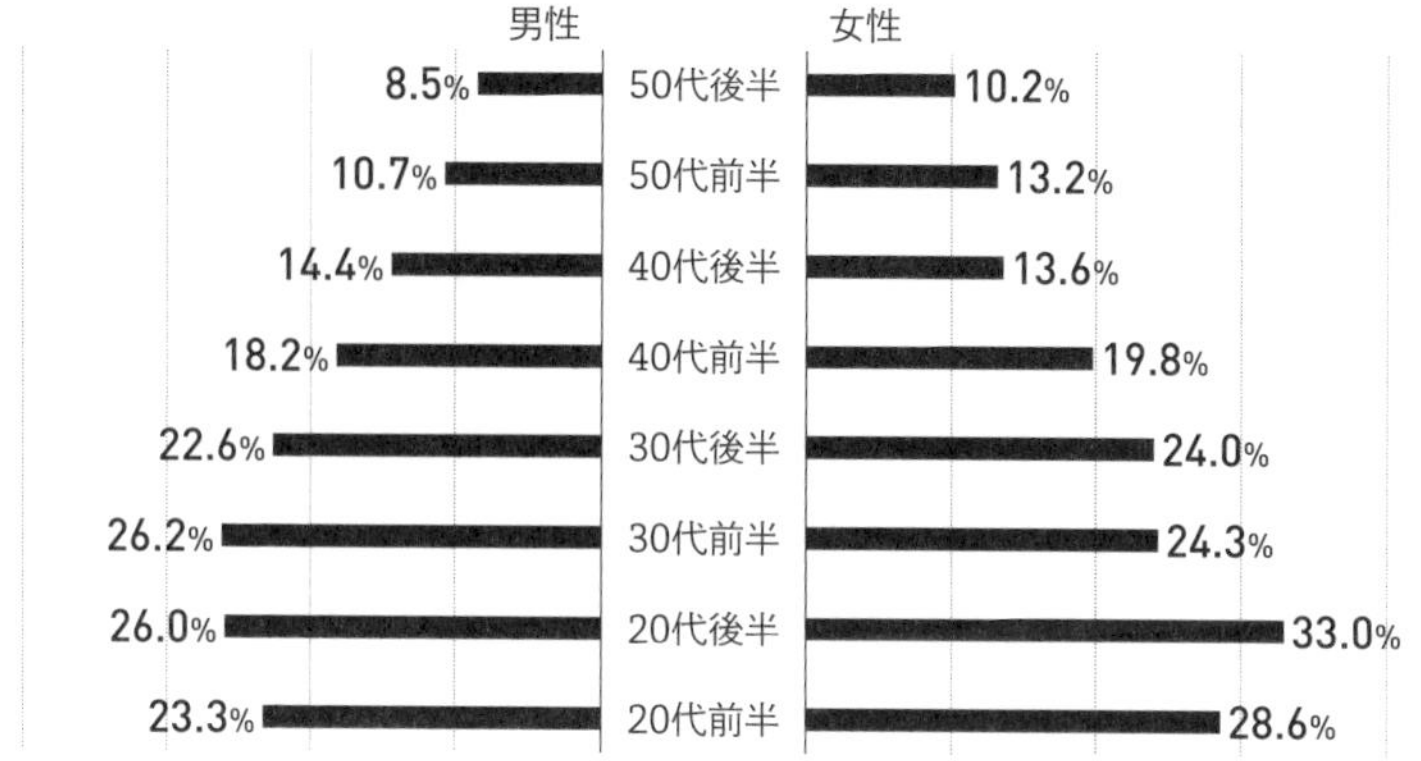

※コンサルティング未経験を対象に相談の意思を聞き、「相談したい」「どちらかと言えば相談したい」という回答の割合を男女別、世代別に集計。
出所：労働政策研究報告書No.191「キャリアコンサルティングの実態、効果および潜在的ニーズ」のデータを基に作成

われます。

キャリアコンサルティング未経験者を対象にした、機会があれば相談したいかどうかという問いについては、性別・年齢別に集計すると図表4のように若年層に相談ニーズが高いという結果になりました。

20代では、おそらく適職感に対する気持ちの揺れや、「一人前」と見なされるまでの不安があるのでしょう。また、20代後半の女性の相談ニーズが高いのは、結婚・出産というライフイベントと仕事との兼ね合いが課題となるからだと思われます。

キャリア相談をした経験のある人の多くは

その効用を認めており、未経験の人にもニーズがある。それが、現在のキャリアコンサルティングの実情であるようです。

2 企業内キャリアコンサルティングをめぐる自分史

キャリアコンサルタント人生の始まり

ここで、私自身の体験について語ろうと思います。伊藤忠商事という会社が、どのようにキャリアカウンセリング、キャリアコンサルティングを評価し、組織を創り、実践を重ねてきたかをご理解いただくと、みなさんの取り組みにとってプラスになると考えるからです。

私がキャリアカウンセリングを初めて知ったのは、1999年1月4日の日本経済新聞の「21世紀は人材開発の時代」と題された広告企画の記事によってでした。当時、三菱総合研究所相談役だった牧野昇氏と、日本マンパワー会長だった小野憲氏の対談で、そこには「キャリアカウンセラー制度が日本に登場」と書いてあり、全米キャリア開発協会のジョアン・ハリス・ボールズビー元会長が来日してのキャリアカウンセラー養成セミナーが紹介されていました。その記事内容に共感し、セミナーに出席してみたい、と強く思ったのでした。

私は伊藤忠商事に長く在籍し、エネルギービジネスに携わっていました。2度目の駐在地であるオーストラリアから帰国し、1990年4月に人事部に異動しました。バブル崩壊の後、多くの企業と同様に、伊藤忠も業績を悪化させていました。そして1997年11月から1998年5月まで「早期退職優遇制度」が施行されます。制度によって退職を検討する社員の相談に乗る役割を果たす中で、「これは何かが違う」と感じていました。そのような時に読んだ記事は、私にとって大きな刺激になりました。

バブル後の低成長下で、大企業の多くはリストラを余儀なくされました。その時に覚えた違和感は、企業組織と働く個人の関わりが現状のようなものでいいのかどうか、というところに端を発していたと思います。

キャリアカウンセラー制度なるものに関心を抱いた私は、以後、企業内にキャリア相談の機能と組織を創ろう、と考えて模索をすることになります。

「社員がイキイキとするのに役立つ機能」「会社が躍動的になり、温かい組織になり、業績につながる制度」がこれからの企業組織には必要であるし、創らなければならない、というのが私の思いでした。

そう思うに至ったのには、その少し前まで約600人の会社内会社（ディビジョンカンパニーと言っていました）の人事総務チーム長として、人材の採用から退職までを担当したことが背景にあります。ですから、1999年3月29日、49歳の誕生日から始まったセミナーは、新聞記事に感動したという以上に「これは私の天職だ！　会社に導入したい！」と思わせるものだったのです。

ただ、それが実現するという明確な見通しを持って臨んだものではなかったことは認めざるをえません。ホランド、スーパー、シュロスバーグの理論に必死になってついて行った――、それが私のキャリアコンサルタント人生の始まりの2日間でした。

CDAという資格を取得

2000年3月から、日本マンパワーのキャリアカウンセラー養成講座の受講を始めました。採用・配属・研修・考課・異動など人事関連業務のすべてが一度に集中する時期だったことを覚えています。

私は、心理学を専攻したこともなく、キャリアカウンセリングの専門用語にもなじみがありませんでしたので、最初は、覚えるという前に意味が頭に入ってこなくて困りました。その当時、伊藤忠を志望する学生に採用面接の呼び出しの電話（当時はまだ携帯電話ではなく自宅の固定電話）をかけたり、カンパニーの面接試験官の鉛筆を用意するなど、次の日のための作業をしていた時だったことも記憶しています。

50歳になっての養成講座、えらいことにチャレンジしてしまった、と思ったことは何度もありました。ですから、その年の12月19日付の封書で、ＣＤＡ（キャリア・デベロップメント・アドバイザー）初めての合格者としての認定証を手にした時の嬉しさは、言葉に尽くせないものでした。認定機関は日本キャリア開発協会ではなく、社団法人全国産業人能力開発団体連合会となっていた時代のことです。

当時のことで覚えているのは、家族に『キャリア』『キャリアカウンセリング』という言葉はまだ世の中でほとんど知られていないけど、何年かしたら新聞や人材誌に溢れる時が来るよ」と伝えたことです。まだ、こういう仕事は、「精神的に不調な社員の話を聞く世話係」

もしくは「社員の転職を支援する専門の人」とだけ考える方がほとんどという時代でした。

先にご紹介した日本経済新聞の記事をコピーして、ざっと見るだけ、読むだけでもいいからとお願いして、社内にたくさん配りました。他にも、新聞や雑誌にキャリア関係の記事が出ると社内外、誰彼かまわず、何らかのコメントをつけてコピーを送ったものです。それに素早く反応してくれたのが、当時の丹羽宇一郎社長でした。

人事部100%子会社の伊藤忠人事サービス（現・伊藤忠人事総務サービス）に「キャリアカウンセリング室」をトライアルとして創ったのが、2001年7月1日、社長のゴーサインで正式に伊藤忠社内でスタートしたのが2002年7月1日でした。

「キャリアカウンセリング室」の創設

発足当初、キャリアカウンセリング室の役割・機能は、前章で述べたものとは少し違っていました。

①社員個人へのキャリアカウンセリング

②転職支援
③メンタルヘルスの専門家との連携
④管理職への支援
⑤グループ企業への支援
⑥社会貢献

当時の経営状況からして、「②転職支援」を役割の一つとして標榜するのは、やむをえない選択でした。これについては、社員一人ひとりと本気で向き合い、「本当は会社に残りたいのではないか？」「残るにはどうしたらいいだろうか？」「自分が上司なら、どんな変化が見られたら残すか？」から話し始めました。そして本当に転職を希望するなら、社外の採用側の経営者、人事部長だったらどういう人を採用したいか、ずっと勤務し続けてほしいと思うかなどと、丁寧に相談に乗る、という作業を続けました。

それまで大企業で活躍した実績をびっしりと綴ることが中心の履歴書・キャリアシートではなく、トラブルや困難な時にどう考えて、どう対応したかなどについても記述したり、採用面接で語ってもらう。「就職活動」というのはつらいことではなく、「自らのチャレンジングなプロジェクト」と考えてもらうお手伝いと考えてやってきました。その後、徐々に、転職支援という役割そのものが「伊藤忠商事のキャリアカウンセリング室」からなくなっていきました。

また、「⑥社会貢献」については、社内に『社会貢献室』があるために当初は不要とされかけたのですが、私からあえてお願いして残してもらうことになりました。


結果として、その後10年以上、多くの企業の「キャリア相談室創設」の相談に乗ったり、厚労省の委員会、中央職業能力開発協会や中央労働災害防止協会の全国・地方大会やセミナーに委員や講師として呼ばれることになります。伊藤忠商事が果たしてきた「企業内キャリアカウンセリング普及」における社会への貢献は大きかったと考えています。

さらには、高校・大学を中心に、授業や講演に社会人としてお役に立ってきたこと、一般紙、政府系機関誌、人材誌、ネット情報を問わず、多くの取材に応じることができたことも、現場の「キャリアカウンセリング」に何が起こっているのかをお伝えする重要な役割だったと思います。

その頃、同じようにスタートして、お互いに相談し合えていたのは、日本電気、富士ゼロックスのキャリアカウンセラーのみなさんでした。

私たちが考えていたのは、どうしたらこのような「キャリアカウンセリング」が企業に根づき、「絶対に必要だ」と経営や人事部が理解してくれるようになるか、という一点でした。あえて言えば、経営・人事部に機会を見つけては情報を流す。また、「キャリア」ということをまったく知らない親戚や少年時代の恩師への年賀状でも、「キャリアカウンセリング」について必ず触れていたことを覚えています。

キャリアカウンセリングとは、「社員に対して〝何かをしてあげる仕事〟ではない。まして、うつの人を治すというような医療行為でもないし、転職支援を主たる仕事にするのでもない」とアピールしていました。

しかしながら、社内のキャリアカウンセリング室にいても、私の伝える言葉を周囲に信じてもらえることは少なかったのです。そこで一人の人事マンとして「場」をもらえている幸運を思い、発言し続けることに注力しました。

たとえ思い通りでない仕事が来たとしても、そこから学べることは山ほどあり、目の前の社員が落ち着いて話し始め、気づき、自ら動くようになっていく。初めは、周囲への不満を語り、自分に起きた不幸・不運を嘆くことに夢中になっていた社員も、話をしているうちに、前向きに考えたり、積極的に行動に移したり、いい顔をしてまた報告に来てくれるといった変化が出てくる、明るくなる。こんなやりがいのある仕事はもう絶対にやめられない。では、どうしたら社内に本格的に広げていけるかを真剣に考える、というように私自身も変化していきました。

職能部門という営業活動を支援する部署では、その業務に携わる人間を減らして効率化を図ろうとする時代でした。そこで「キャリアカウンセリング室を存続させる」という強烈な思いを持ち続けたのです。社外の公的な機関や企業の方、大学の先生方に、現場でいかに有効な機能かを知っていただく努力を重ねました。

なぜ、これほど広がってきたのか？

しばらくすると、キャリアに関する大会、セミナーが急に増えていきました。

錦糸町のアビリティガーデンで労働省（当時）や筑波大学などで活躍された木村周先生が登壇したり[(1)]、キャリアカウンセラー養成講座（ＧＣＤＦ）を実施しているリクルートの大会が高輪で開かれたりしました[2]。日本産業カウンセリング学会の第8回大会は学会員でなくても参加できるもの[3]でした。そのような情報を拾っては、次から次へと参加していきました。

日本マンパワー、日本キャリア開発協会の大会に出てみると、厚労省、文部科学省の方々が参加して、キャリアカウンセリングの重要性について触れておられました。「転機の理論」で有名な、全米キャリア開発協会のナンシー・シュロスバーグ元会長がご夫妻で参加され、会場の廊下を歩きながらお話を伺い、署名もしていただきました。

そのようにして、キャリアカウンセリングが認知されるようになっていきましたが、その理由ははっきりしています。厚労省のみなさんが積極的に語り、キャリアカウンセラー5万人養成目標を坂口力厚生労働大臣（当時）が口にされ、一方で、養成講座を主宰することになる日本マンパワーやリクルートの方々がアメリカに出向いて、契約から講座のテキスト作成までを全米キャリア開発協会の元会長たちに協力してもらってきたからなのです。

キャリアカウンセラーという仕事は、目の前の人の話を丁寧に聴き、人のお役に立ちたいという日本人の「こころ」にも合っていたのでしょう。社内に、そして世の中に広めていき

(1)　2000年11月7日、雇用・能力開発機構、生涯職業能力開発促進センター主催、「雇用の流動化とキャリア開発」。
(2)　2001年2月26日、第1回GCDF JAPANキャリアデベロップメントカンファレンス。
(3)　2003年9月20日、立正大学で。

たいという思いが強まりました。

当時のことを思い起こすと、初期のキャリアカウンセラーはみんな、企業や大学といった自分の所属組織に部屋を創るか、ハローワークのような公的機関で資格を活かすか、社外で独立して働くか、と考えていたように思います。特に、雇用能力開発機構や経団連で資格を取得した方々、また、アメリカから入ってきたアウトプレースメント、すなわち「転職支援会社」(例えば日本DBM)でも養成講座があり、そこで資格を取得すればすぐに仕事に直結すると考えた方もたくさんおられました。

目の前の相談者に寄り添えているか

この本の主旨である、企業内のキャリアコンサルティングに限定して考えてみましょう。

当時、多くの企業内キャリアコンサルタントは、経営や人事部の方々の理解はすぐに進むと期待したのではないかと思います。時代の変化や、キャリア形成支援ということ、社員の話を丁寧に聴くことがどれほど経営に資するか、組織の活性化に寄与するか、という視点でした。しかし、残念なことに、その進展は驚くほど歩みがのろいものでした。

メンタルヘルス対策や転職支援策として、キャリアコンサルタントが業務の上で何か役に立つならサポートしよう。でも数字になってすぐに効果が表れないなら、うちにはそんな高尚なものはまだ必要ない、というのが多くの企業の考え方だったはずです。それでも20年近く前から、伊藤忠商事のキャリアカウンセリング室を見に来てくださった企業は数多くありましたが、実際に部署を創ったり、いまでも最初の主旨通りに継続できている企業の数は決して多くありません。

実際のキャリアコンサルティングの場で大切にしてきたのは、相談に来た目の前の相手に寄り添えているか、相手が話したくなるような雰囲気を自分が醸し出しているか、ということです。また、こちらから指導をしたり誘導していないか、自分の思い込みが勝った質問を繰り返していないか、などにもいつも気を配ってきました。

そして、そうした一つひとつの相談から得た情報を「個人情報」として会社側に漏らすというのではなく、ある世代や組織に特有な問題とか、採用や研修に関して押さえておきたい内容とか、「組織」にプラスになる情報を会社に提供し、議論する。さらには、現場の具体例をよく知っている社内の研修講師として貢献していきたい、と考えるようになっていきました。

このような研修の機会を利用すること、これは最初のうちは、お願いしてもなかなか難しいことです。それまでに実績はないですし、それぞれが専門家の領域のことですから。まして、「医療の世界」になると一層難しい問題として出てきます。

でも、個人という視点だけでなく、組織に何が役立つか、という捉え方を大切にして関係者との連携に努力してきました。企業の中では、一人の社員のために心を配るということだけでは、長い間部署を存続させることは難しい。常に「経営に資するには」という視点を忘れてはならない、と考えます。

人が傷んでからの「メンタルヘルス対策」にしない

メンタルヘルスの不調を訴える人が年代を問わず増えており、問題視されています。あらためて考えてみたいのですが、メンタルヘルスとは何でしょうか？　いまや誰でも簡単に口にする言葉になってきていますが、メンタルヘルス不調者が出ることや、不調者のことを「メンタルヘルス」または「メンタル」と呼んでいる方が多いようです。一度原点に返って「メンタルヘルスとは、「こころの健康である」と考えを切り替えることをお勧めしたいと思います。

私は、人が傷んでからどうすればいいかを検討する「メンタルヘルス対策」にしてはいけない、と考えています。メンタルヘルスが良好というのは、職場がイキイキ、キラキラしている状態のことであり、社員がワクワクしながら働くことです。毎朝、会社に出勤するのがつらくない、ということを示す言葉であると考えます。

企業組織において、経営・人事部がいちばん大事にしてほしいのは、企業理念・スローガンを超えて社員の幸せを追求することであり、社員自身も「俺はだめだ」「やったってどうせ見てくれない」などと「自分の脳」に勝手に語りかけて諦めてしまわないことだと思うのです。そんな時、誰かが見ていて声をかけてくれる、話を聴いてくれる、そんな支援の専門家キャリアコンサルタントがいる部屋があり、そんな機能があることは会社にとっても大変重要なことです。

キャリア・コンサルタントという形で厚労省（当時の労働省）が立ち上げ、さらに、2015年3月31日に同省から発表された「平成26年度キャリア・コンサルティング研究会」の報告書で、メンタルヘルスへの理解が一層進んだ内容になっていることは嬉しいことです。

従業員数300人以上の民間企業約5000社に対するアンケートの結果、55・1％の企業が「メンタル不調・防止、職場復帰」を経営課題として挙げていたのです。メンタルヘルスを経営・人材戦略そのものという捉え方に変えていくきっかけにしてほしいものです。

また、「最近の若い奴は、どうもストレスに弱くて反応が鈍い。俺たちの若い頃とは何かが違う」などと言って、古い時代の価値観を押し付けていないか、という反省をすべきだと思います。一方で、若手社員の世代も、自ら気づき動いて、逆に「古い世代」に気づきを提供して、自分たちを応援しないと損をすると思わせるようなリードをするフォロワーシップ、すなわち組織への主体的な貢献を発揮してほしいものです。

「自らの成長」「会社や社会への貢献」「キャリアアップ」等を目標にして、各社員が自分だけの価値観で考え動くのではなく、「個」と「組織」がお互いにプラスになるように意見を出し合う。そんなカルチャーがあるところでは、職場自体がイキイキしてくるのではないでしょうか。そうなれば調べるまでもなく、メンタルヘルスの状態は前向きになっていると思います。

キャリアコンサルタントは「個人情報保護」とどう向き合うか

さて、キャリアコンサルタントにとって難しいのは、「個人情報保護」と「守秘義務」の扱いです。守秘義務は絶対であり、これが守れないキャリアコンサルタントには信頼して本音で話してもらうことは期待できません。しかしながら、事件性がある場合や、このままでは社員や周囲が立ち往生してしまうという事態が考えられる場合には、キャリアコンサルタントが動くことはあります。その場合でも、関係者に直接情報を流すことはありません。現場の状況を周囲に訊きながら、関係者からの情報をもとに質問を繰り返し、理解を進めていくのです。

職場でもプライベートなことの取り扱いは難しいものです。一昔前なら、「Aさんは奥様がケガをして、子どもの世話と仕事でいっぱいいっぱいになっている」と管理職が気づき、ねぎらいの言葉をかけたり、職場の仲間がAさんの仕事を手伝ったりするなどの家族的な雰囲気があったかもしれません。

ところが今は、人手不足で時間の余裕がなくなっており、中間管理職が一人ひとりの部下を守り、育てる余裕がなくなっているように思います。中間管理職にはプレーイングマネジャーとして目標数字の達成が求められるうえ、部下のモチベーションアップやコンプライアンスの遵守など、上からさまざまなことを求められます。

他方、部下は「わからなければ自分で調べるだろう」という期待むなしく、一から教えなければならなかったり、あるいは教えすぎたため自立せずに育成できなかったりします。加えて、プライベートでも、自身の健康問題、親の介護、家族の健康、子どもの教育・就職・結婚など問題が山積みとなる年代です。

組織を支えるはずの中間管理職が孤立しているケースがままあります。そういう時に、上司と部下の日頃のコミュニケーションの問題点をキャリアコンサルタントがお互いに気づくような対応をすることで、職場の問題を未然に防ぐことができるかもしれません。

キャリアコンサルタントには、守るべき個人の情報は確実に守りつつも、関係者が一緒に考え、手を打ち、将来起こりうる問題を未然に解決する、という役割が求められます。また、それだけの信頼を得られるようになれば、「イキイキした職場づくり」に役立つことになるでしょう。

第 3 章

企業内キャリアコンサルティングの実践スキル

本章では、具体的なキャリアコンサルティングの事例を紹介します。
働く人が抱える不安や悩みは多様です。
聴き手であるキャリアコンサルタントの
相談者への向き合い方と対話技法を見てください。

本章では、実際にキャリア相談室に寄せられた相談事例を紹介します。働く人が抱える悩み・疑問は多様です。聴き手となるキャリアコンサルタントの対応いかんによって、その悩みや疑問が解消されることもあれば、さらに迷路にさまよい込んでしまうこともありえます。

以下にご紹介する相談事例はいずれも私自身が経験したものですが、相談者のプライバシーに配慮して、フィクション化したものであることをご了承ください。これらの事例を通して、それぞれの社員がどのように周囲との関係に悩み、解決の手立てを考えていくのかを学べることでしょう。

個人に悩みの要因があるケースもあれば、組織の中に個人を悩ませる要因があるケースもあります。また、双方にそれぞれ要因があり、相互に影響を与え合う例もあります。こうした多様なケースを取り上げていますので、キャリアコンサルタントの相談者への向き合い方と対話技法について、参考にしていただければと思います。

また、第1章で説明したキャリアコンサルティングの「六つの機能」のどれがどのように発揮されているかもまとめてみました。そこに着目していただけると、キャリアコンサルタントが媒介役となり、企業の中で働く個人と組織とがうまく折り合っていく道筋が、わかっていただけることでしょう。

とはいえ、これらはあくまでも事例をモデル的に示すものですので、キャリアコンサルタントのみなさまには、ご自身のケースに置き換えて考えるきっかけにしてほしいと思います。

1 若手・女性・中堅社員の相談

入社3年以内に3割が会社を辞めてしまう「早期離職」は、以前から企業にとって深刻な課題になっていました。

入社前の仕事についてのイメージと、入社後に経験する実際の仕事とのギャップ。初めて取り組む仕事ですから、事前の想像とピタリと一致するものではありませんし、多くの若手はそのギャップを受け入れて、折り合いをつけていくものです。ただ、それができずに懊悩《おうのう》し、退職してしまうケースも少なくありません。

そんな時に、若手が気軽に相談できるキャリアコンサルタントが社内にいれば、仕事に取り組む考え方を新たにして、退職しない選択をする可能性もあります。

このような仕事の悩みを一人で抱え込んでしまう例は、女性や中堅社員（入社3年目以降の管理職手前の社員）にも見られます。それぞれのキャリア年数や立場によっても悩みの性質は異なりますが、いずれにしても、キャリアコンサルタントと対話をすることによって、自らで気づき、考え、前向きに動き出すようになるのです。

以下に四つの事例を示します。会話文の中では、キャリアコンサルタントをＣＣＴと表記します。

キャリアコンサルティング事例1

社会貢献できない仕事に意味が見いだせない

対象者：Ａさん（20代前半、男性、総合職、未婚）

面談のきっかけ

Ａさんは優秀で明るく、社内では将来を考えた次の異動先も検討されています。しかし最近、自分のキャリアに希望が持てなくなり、退職を考え始めているようです。Ａさんの上司と、事業部の人事担当者から「相談に乗ってあげてほしい」と紹介されて来室することになりました。

主訴（本人がいちばん訴えていたこと）
「社会貢献できる部署に異動したい。それが実現できないなら、いまの仕事には意味が見いだせないので退職したい」

キャリアコンサルタントの見立て

Aさんの就職活動時の決断に至る過程、性格、行動特性、職場でのコミュニケーションにも問題がありそうです。また、上司の日頃の業務指示や、指導に際してのリーダーシップもAさんが退職まで考えることにつながっていて、このままでは精神的にも参ってしまう可能性があります。

キャリアコンサルティング方針

まずは本人の話をじっくり聴くことにします。さまざまな角度から、これまでの行動、考え方を振り返る中で、自分を理解し、現状を分析し、どうなりたいのか、そのために何をしていけばいいのか、などを質問していくことにしました。

その際に、メンタル面について、日頃の生活や周囲からのコメントなどを本人に確認しながら、将来のキャリアの可能性に触れていきます。

ただし、Aさんを当室に紹介した関係者には、「キャリア相談の部屋は、退職を支援する場所ではなく、自分を見つめて前向きになるための場所」であることを事前に本人に伝えてもらいました。

面談1回目

「人事の方に紹介されました」とAさんが来室。

Aさん「入社してあと少しで1年が経ちます。いまの配属先は、内定時に希望していた通りだったのですが、就活時代に思い描いていた仕事とはほど遠く、ライバル会社と価格競争しているだけで、社会に貢献している気がしません。もう会社を辞めて他の企業に行きたいと思い始めています」

大学時代に考えていたことや、いまの部署への配属を希望した理由などを、感情を込めて話してもらいました。さらには、営業活動に必要な業界、取引先、商品などの知識や社内での報告の仕方、経理・法務・ITなどについて現在どのくらい詳しいか、関心があるかなどを質問していきました。

その質問に対する回答が正解かどうかは問題ではなく、その反応によって関心の度合いや、真剣にチャレンジしている姿勢を見るのが目的です。その上で、異動を希望しているなら、Aさんが求めているものを具体的に探っていきます。ただし、社会貢献できる部署への異動希望については、しばし棚上げにして触れないことにしました。

周囲から「優秀である」と評価されている点に触れると、本人いわく「それは取りつくろったもので、できるのは学生時代に磨いた〝調整機能〟だけです」とのことでした。

Aさん「部署は統廃合を繰り返していて、いつも不安定です。業務知識も取引先の人脈もない課長が異動してきて、既存のメンバーが苛立っていて、職場がいつもギスギスしています」

この後、体調不良の原因や、そんな時に応援してもらえる周囲の相談相手の存在について詳しく話が聴けました。その中で、両親（離婚している）との複雑な関係が浮き彫りになり、職場での問題解決の際にも、「主張するよりも調整役になる」という自らの立ち位置に気づいていきます。

話をしているうちに、さまざまな角度から気づきがあったようで、「まずは基礎を固めたい」「退職という安易な考え方をせず、いろいろな可能性を追求してみたい」と言うようになりました。

最後に「落ち着いて考えてから来るので、また相談に乗ってください」と言って、帰って行きました。

3日後、人事担当者が来室

人事担当者「ありがとうございました。キャリアコンサルティングのおかげで、本人はすっきりしたようです。ある部署に異動させることに内定しました。課長も喜んでいました」

CCT「ちょっと待ってください。確かに一度、キャリアコンサルティングはしましたから、本人が元気になり、ご依頼の主旨には沿ったのでしょうが、気になることがあります。どなたが本人と直接話をして本音を聞き出しているのでしょうか？　上司は異動先での使命や任務をきちんと話し、本人の反応を確認していますか？」

人事担当者「当然、上司は本人に話していると思いますが、確認してみます。もしまだならすぐに実施してもらいましょう」

面談2回目

初回の面談から1週間後、Aさんから再度のキャリア相談依頼。

Aさん「驚きました。上司は異動を考えてくれていました。でも、キャリアコンサルティングで自分を振り返る時間を持っていなかったら、上司の話を冷静に受け止めることができず、断って会社を辞めていたかもしれません」

CCT「良かったなあ。ただ、もともとの問題が解決していないと、どこに行っても同様の問題が起きる。例えば、異動先について、業務内容やメンバーについて何か教えてもらったり、自分で調べてみたかい？」

Aさん「いまは目の前の仕事に集中していますから、異動してから教えてもらいます。大丈夫です」

後日談

Aさんが報告に顔を見せてくれました。

「先日、友だちから『元の明るさを取り戻した』と言われ、母親からも『最近は思ったことをはっきり言うようになったね』と褒められました」

それを踏まえてキャリアコンサルタントは「君が言う社会貢献ができる部署ってどんなと

ころなんだろう？」という問いかけをしました。

それに対してAさんは、「まずは目の前の仕事をしっかりやってから〝社会貢献〟で自分には何ができるか考えてみます。仕事でもプライベートでも、これまであまり真剣に考えてこなかった気がします」と答えました。

事例まとめ

若手社員が目の前の困難にぶつかり、退職を考える。そんな場面で、冷静に考えてもらい、内省するきっかけを提供することができました。

上司や人事担当者にも、職場で起きていることをしっかり見て、話を聴いて、手を打つことの大事さに気づいてもらえました。

また、一連のやりとりから、採用や配属、異動、評価について、制度上考えるべき点がないか検討してもらうきっかけにもなりました。その点では、前述したキャリアコンサルティングの六つの機能のうち、「①アンテナ機能」「②相談機能」、そして「⑥提案機能」が発揮された事例だと思います。

企業では、部下を教えて育てること、そして自ら考え行動できるようにすることが大事だと言われます。

しかし、日々多忙な職場では、夢中になって目の前の業務をこなすことと、じっくり考えることのバランスが崩れることがあります。

そんな時に、この事例のように、「仕事」「上司」「会社」が嫌だとか、合っていないとか思ってしまう若手社員に、企業内キャリアコンサルタントは気づくきっかけを与えるのです。

キャリアコンサルティング事例2

何度も職場復帰に失敗し、自信を失ってしまいました

対象者：Bさん（20代半ば、男性、営業職、既婚）

面談のきっかけ

入社後、部署や仕事が何度か替わっていたBさん。

最初の部署では上司の厳しい指導についていけず、次の部署では取引先からの担当変更要請に傷つき、そのたびにメンタルヘルス不調に陥って休職していました。たびたび休職を繰

り返すことに本人も上司も悩み、今回の職場復帰の前に上司がBさんを連れて来室しました。

主訴（本人がいちばん訴えていたこと）

「今度こそ、休まないですむように頑張りたいです！　何かアドバイスをいただけませんか」

キャリアコンサルタントの見立て

上司もBさんも、「今度こそ」「頑張る」と力んでいて、リラックスできる場を作ることには気持ちが向いていないようです。このままでは、周囲の多忙さや目が行き届かない中で、Bさんが徐々に仕事に追いつけなくなり、再度休むことになる可能性があります。

キャリアコンサルティング方針

初回はまず、ゆったりした雰囲気で、学生時代の部活動や家庭環境について、自慢できるような話を聞かせてほしいとアプローチしました。

2回目は、苦しくなった時に何があり、Bさんは何を考えていたか、誰かに相談できていたかなど、負担に感じない範囲で訊いていきます。また、必要に応じて、本人の了解を取り付けた上で、主治医や産業医とも連携することにしました。

Bさん自身だけでなく、当該部署に問題があるようなら、周囲とも相談し、全体の問題として対応していくことも想定しました。

面談1回目

Bさん「学生時代には運動部、学園祭の委員長もやっていたので、入社後、こんな情けないことになるとは思っていませんでした。でも、もう大丈夫です。二度と休むことはないと思います。課長もこうして応援してくれていますから」

上司の前ではこのように強気に語っているBさん。根本的な問題は解決していませんが、ここでは、やる気になっているBさんを否定するような発言はしません。

CCT「そうですか。それは良かったですね」

いったんBさんの言い分を受け入れ、上司が退席したところで質問してみました。

CCT「ところで今回、そのように言えるのは、これまでと違う何かがあるのかな?」

この質問の意図は、何度もメンタルヘルス不調に陥ってしまう原因が、上司にも本人にもまだわかっていないことに、気づかせることにあります。

Bさん「特に違うということはないのですが……。以前いた部署のみなさんも、私が仕事で無理をしないよう、早く帰るように声をかけてくれました。でも、わからないことを訊こうとしてもみなさん忙しそうで言い出せず、できない焦りが増すばかりで、自分さえいなければと思うことが多くなっていって……」

休職に至ったプロセスは毎回同じで、環境は以前とそれほど変わらない。そのことに、Bさんも気づいたようでした。

Bさん「結局、何が良くなかったのかはわかりません。私は復帰するたびに、今度こそ

は と頑張ってきたのですが……」

CCT「今日は、問題点の確認と、復帰までにお互いに何を準備し、どう考えるかという時間になったでしょうか？」

面談2回目（3日後）

Bさんの事情が相当理解できました。前回の会話の中で感じられたのは、親兄弟、会社の仲間、上司に対する自意識が強すぎること、大学時代からかっこいい自分を演じてきていること、奥さんにも弱みを見せられないことなどがプレッシャーになっていた、ということです。それがわかったので、職場復帰前に再度、出社させるのではなく、私がBさんの自宅を訪問し、奥様と3人で話すことにしました。

後日、3人で話してみると、奥様が「今度失敗したら、会社はあなたを見放すだろうから、出社するだけでいいから頑張って！」と言い続けていたことが判明。それは逆効果であることを奥様に伝えました。

Bさん自身は、何度も休んでいる間に、会社のさまざまな制度やＩＴ関連機器の使用方法の変更など、多くのことがわからなくなっていること、復帰した職場の人たちに溶け込めないのでは、という不安が大きくなっていたことに気づいたようでした。

そこで、Bさんが把握していない情報は、課長や課員から事前に知らせてもらい、出社初日は、復帰しただけで良しとする流れを作ることとしました。

後日談

Bさんが出社の報告にやってきました。

Bさん「最初にこの部屋に来た時、『大丈夫』と言っていましたが、あのままでは、今回も何日かしたらダウンして、『やっぱりまたか。弱い男だな』と言われていたと思います。いつも言い争いになっていた妻とも、最近は落ち着いて話ができるようになりました。自宅がリラックスできる場になってきました」

事例まとめ

メンタルヘルスを重視している会社でも、現場では人員が不足し、仕事がより複雑になっていて、一社員が何かをきっかけにつまずいても気配りをする余裕がなくなっています。

実際、Bさんの上司は初回の面談時、「優しく対応していても休まれてしまうので周囲に示しがつかず、徐々に厳しい言葉を投げかけるようになってしまった」と話していました。

職場復帰に関しては、本人からの依頼に基づいて、関係者ができるだけ早いタイミングで相談し、それぞれの役割を決めて支援すること、同じ問題が二度と起きない部署にすることを関係者がしっかりと意識することが大事です。それをサポートするのが、キャリアコンサルタントの役割と言えます。

ここでは、「②相談機能」「③問題解決機能」「④連携機能」が働いたと考えます。

キャリアコンサルティング事例3

職場で力を発揮するにはどうしたらいいでしょうか？

対象者：Cさん（30代前半、女性、総合職、未婚）

面談のきっかけ

初めての部署に配属された女性総合職のCさん。男性優位の社会で負けないようにと力み、結果を出せずに焦っているようです。

さらに結婚・出産・育児など、将来のライフイベントに関する不安も抱えていて、仕事に集中できなくなっていました。

主訴（本人がいちばん訴えていたこと）

「上司に『できません』と言えないのです。困っても、いつ誰に相談したらいいかわかりません」

キャリアコンサルタントの見立て

慣れない業務になじめず、成果も上がらず、これまでの自信が打ち砕かれ、すべてのことを後ろ向きに捉えるようになっているCさん。

しかし、従来の「男性本位」の組織のあり方や指導方法、コミュニケーションスタイルに問題の本質があり、Cさんの気づきだけでは解決しないのではないか、と思われました。

キャリアコンサルティング方針

Cさんの生まれ育った家庭環境や、学生時代の話から入り、入社後に苦しかったことなどを図に描きながら整理していくことにしました。その中で、何が問題で何をしたいのか、Cさんが自ら気づいていくように手伝うのです。

今後のキャリアについては、職場内やプライベートでも積極的にアプローチできるように質問していきます。組織、上司への対応まで話を広げるかどうかは、Cさんの反応を見てから決めることとしました。

面談1回目

予約なしに「いまからでもいいですか?」と入室してきたCさん。

Cさん「自分がわからなくなっているのです。入社して10年が経ち、自分では相当仕事ができるようになったと思っていたのに、新しい部署ではうまくいかなくて。先日は、自分より年下の男性の前で、上司に厳しいことを言われてへこんでしまいました」

Cさんはもともと芯が強くまっすぐな性格で、これまでも頑張ってきた女性のようでした。そこで、意図的に学生時代や入社してからの成功・失敗体験を図に描きながら(図表5)、丁寧に訊き出していきました。

CCT「ここに描いた、うまくいったケースでは、どこがポイントだったのかな？」

CCT「女性だからと思われたり、つらいことはなかったの？」

CCT「そんなにつらいことがあっても頑張れたのには、社内外で相談に乗り、あなたを支えてくれた人がいたのかな？」

図表5 話を聴きながら「見える化」する　© 浅川キャリア研究所

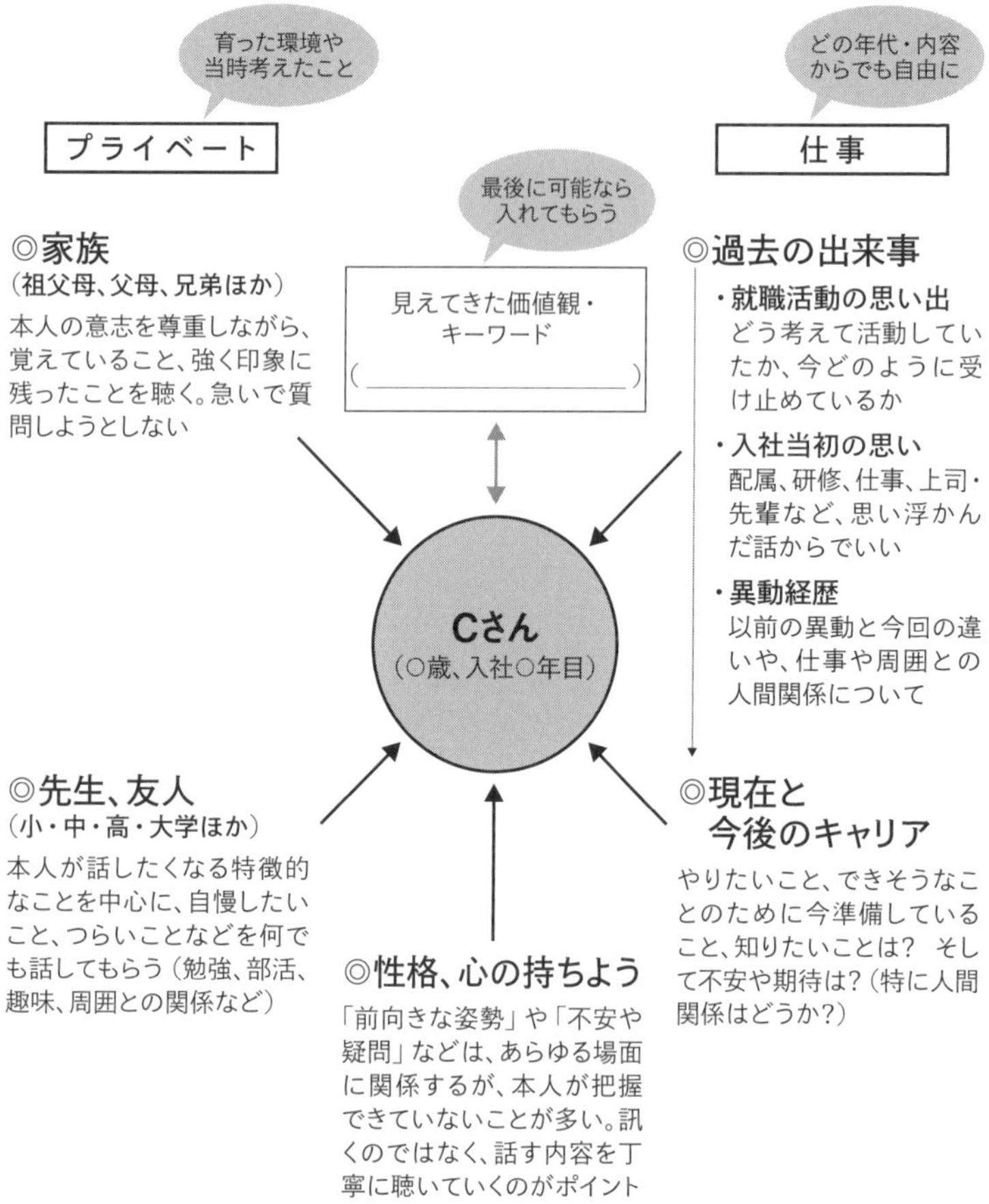

POINT

キャリアコンサルティングを通して本人が気づき、考え、行動するように支援する。その際、「見える化」することで、自立した社員のキャリア形成が支援できていく

一緒に図（図表5）を見ながら質問をしていくと、最初の暗い表情に徐々に笑顔が交じるようになり、「そう言えば」と次々と過去のエピソードを話してくれました。

Cさん「私って、いつもこういう時にイライラして壁にぶつかってしまいます。学生時代にもこんなことがありました」

こうした流れになると、客観的に整理したり、今後起こりうる問題などを自分で考えて話し始めるようになります。

そのうちCさんは、転機のたびにスランプに陥りがちな自分に気づきます。

CCT「男性社会で力を発揮していく方法だけど、他の部署でうまくやっている女性社員の事例もあるよ。いろんな工夫の仕方や制度もあるから、私の知っている範囲で話そうか」

Cさん「結婚や出産のことなど、考えることすらおかしいと思っていたのですが、こうして冷静に考えてみれば、周囲を見たり、先輩に相談したほうがいいなと思えます」

面談の数時間後

Cさんからのメールを受信。

Cさん「モヤモヤしていた気持ちが、すっきりしました。来週の海外出張に向けて、いまから上司と打ち合わせなのですが、今日の話を参考にして話してみます。結婚についても、タイミングを見て、どういう可能性があるのか確認していきます」

まだまだ力みがあり、男性と同じように無理をすれば認められると勘違いしている部分が感じられましたが、まずは一連の気づきを褒めることにします。

CCT「いい気づきがありましたね。今後も、ご自分のキャリアについて1年に1度とか、数年に1度振り返ったり、将来を考えてみるようにしてください」

Cさん「また苦しくなったら伺います」

CCT「だめです！　苦しくなってからではなく、苦しくなる前に来てください」

後日談

1年後、突然来室したCさんから、結婚したという報告を受けました。いまは、半年後の海外赴任に向けて勉強中とのこと。「また相談に乗ってください」と笑顔で帰っていきました。

事例まとめ

上司や先輩はダイバーシティを理解し、女性が働きやすく、成長しやすいよう意識して仕事を任せてきたようですが、Cさんから見れば、男性同士の会話の延長であり、上司の真意が本人には伝わっていなかったようです。

しかし、孤立した人が冷静に自分を見つめる機会を持つだけでも、トラブルは減らせます。そして、優秀な人材がつぶれてしまうことや、退職するのを防ぐことにもなります。

今回は、Cさん自身が、転機のたびにスランプに陥りがちになる、という自分の特性に気づき、柔らかい考え方ができるようになり、直面していた悩みは解消されました。しかし、場合によっては「④連携機能」を発揮して、職場の中でのコミュニケーションに問題がないかどうか、上司を交えた話し合いがなされてもいい事例だと思います。

キャリアコンサルティング事例4

上司や先輩を裏切るようだけれど、社内公募に応募したいです

対象者：Dさん（30代半ば、男性、営業職、既婚）

面談のきっかけ

入社十数年目のDさんは、優秀な営業マン。入社時から憧れてきた分野の社内公募を見つけて、気持ちが動いています。ここまで自分を課の中心人物にまで育ててくれた上司や先輩

たちを裏切る形になっても、退路を断って挑戦したいと思っています。

主訴（本人がいちばん訴えていたこと）

「長い間温めてきた夢を、社内公募で実現したい。結果として受け入れられなければ退職するしかないと思っています」

キャリアコンサルタントの見立て

突然目の前に現れたチャンス。キャリアを自ら動かしていけることにDさんは興奮しています。ただし、いまの仕事や取引先、社内の上司や先輩への恩義を強く感じていて、「罪悪感」が払拭できません。たとえ社内公募で選ばれたとしても、現在の部署に心が残るでしょうし、仮に成就しなければ、そのまま勤務を続けるわけにはいかない、と思い詰めています。

キャリアコンサルティング方針

まず、学生時代からの夢や、10年以上温めてきた思いをじっくり話してもらいます。次に今回の公募案件について、その内容と自分のアピールポイントを聞いていきます。

その後、公募に受かって新しい部署に異動した後、起こりうる問題点を幅広く検討し、心にわだかまる周囲への思いを、さまざまな角度から分析してもらうことにしました。

面談1回目

「そちらで、社内公募について相談に乗ってもらいたいのですが、上司に知られることはありませんか？」と電話があり、入室してきたDさん。応募のための提出資料も持参していました。

Dさん「どうしても、この待ちに待った社内公募案件に応募したいのです。ここに申請書と企画書も持ってきたので見てください」

キャリア相談室は、社内公募の審査をする立場にある人事部の一組織。Dさんの申請書や企画書を添削したり、意見することはアンフェアな行為になるので、そこは期待しないよう最初に伝えました。

CCT「ただ、これだけ熱い思いを持っているのは素晴らしいね。あなたのキャリアの考え方や挑戦についてはぜひ聞きたい」

誰にも言えずに内に秘めていたせいか、Dさんの話は熱く、長く、止まりません。そこで、整理して語ることを意識させました。具体的には、職場の仲間や、取引先で大事にしてくれる相手の話題でもいい。1分でまとめてもらう、などの工夫をします。

面談2回目（1週間後）

「先日は舞い上がっていましたが、いまは少し冷静になれた気がします。いろいろと検討し直したので、もう一度会ってもらえますか？」と電話があり、再び来室。

Dさん「今日は、この前少しやってもらったように質問をしてほしいのです」

このようにリクエストされ、学生時代や家庭内での兄弟とのやりとりなどを訊いていきました。

質問をしながら、内心では「社内公募」にまでつながった憧れの仕事に対する思いがどのくらい深いものだったのか、再検討してもらいたいと考えていました。いい悪いではなく、自らの熱い思いを客観的に見ておくのは将来にも生きると感じたのです。

Dさん「私が社内公募の申請をすることを、あなたはどう思いますか？」

このようなストレートな質問もありました。こういう時の返事は、相談者の思いや背景により異なりますが、この時は次のように返しました。

CCT「思いを持ち続けたことは素晴らしいし、そんな自分を誇らしく思っていい。でも、新しい部署に行けば、基本的なことを教わる相手は新入社員だったりするかもしれないね。業界や商品についても全部一からのスタートになる。何年も年下の後輩に偉そうにされても、ちゃんと頭を下げられるかい？」

CCT「中途入社の方たちも、最初は戸惑うんだよね。そんなケースを、Dさんもいままで見てきたかな？」

CCT「前に進むのはいいけれど、いままで大事にしてきた仕事や、周囲の人たちとの関係に終止符を打つ——という考え方は、あまり好きじゃないな。応援してもらって、新しいチャレンジをする、というような姿勢で臨んでほしいな」

面談の3ヵ月後

公募の結果を知らせるメールが来ました。

Dさん「落っこちました。会社が求めているニーズにぴったりで、私より若い人に決まったようです」

CCT「すぐに、この部屋に来るかい？」

思いが実らなかったことを理由に退職を考えているようなら、すぐに話す場を持たなくてはと私は考えていました。

Dさん「いえ、大丈夫です。キャリアコンサルティングを受けて、自分のことを本当にいろいろと考えました。実は、上司にも今回の一連の話はしたんです。結果として私が落ちたことを喜んでくれました。『その代わり、これから夢中になって課に貢献しないと許さないから』と笑って許してくれたんです」

後日談

半年後、Dさんからメールが届きました。

「いまから海外出張に出ますが、あの時、自分のキャリアを冷静に見つめ、気づいたことがいま生きています。学生時代から憧れていた仕事への思いがやっと整理できました。そして退職しなくて良かったと本当に思うし、ここまでやってきたいまの仕事に誇りを持ってチャレンジできます」

事例まとめ

会社を活性化するための社内公募制度が、社員を元気にするのではなく、選に漏れた多くの優秀な社員に退職を考えさせるきっかけにもなりうる、ということを示す事例です。そのように思いが昂《こう》じて、思い詰めるまでにならないように対策を練ることが重要です。

また、社内公募制度を活性化させるためにキャリアコンサルティングを使い、社員が冷静に判断できるようにすることも大事です。こうした個人の本音トークの中に部署が持つ問題が見えてくることもあります。ですから、「④連携機能」や「⑥提案機能」によって、人事部門で制度運用の方法について検討する必要があるかもしれません。

2 管理職の悩み

管理職は上下の板挟みになりがちなポジションです。ですから相談に際しては、その上司を含めた周囲との関係、特に弱みを見せられず、相談する先がないという問題も意識しながら対応する必要があります。

部下に関する相談を持ちかけながら、話をするうちに結局自らのキャリアの問題が浮かび上がってくることがあります。また、個人の問題を検討しながら組織の課題に気づき、課題解決のために、その後の社内の研修内容に生かしていくというアプローチにも注目してほしいと思います。

キャリアコンサルティング事例5

部下がみんな勝手なことを言ってきて、どうしていいかわからない

対象者：Eさん（30代後半、男性、課長、既婚）

面談のきっかけ

Eさんには4人の部下がいますが、それぞれ問題があり、どのように課を運営していけばいいか悩んでいます。上司である部長とのコミュニケーションもうまくいっていないようでした。

主訴（本人がいちばん訴えていたこと）

「部下がみんな勝手なことを言ってきて、収拾がつかない状態です。課長として自信が持てなくなりました」

キャリアコンサルタントの見立て

部下それぞれへの対応や、上司との人間関係についての相談が表面に出ていますが、実際には本人の受け止め方やアプローチにポイントがあると思われました。

キャリアコンサルティング方針

4人の部下の経歴や仕事上の問題、それぞれどのような主張をしているのか、まずは客観的な事実関係を話してもらい、次に感情論を中心とした各人への思いを訊くことにしました。その上で、自らのマネジメント方法でうまくいっている点、気になったり周囲から指摘される点について訊いていきます。

面談1回目

「昨日、新任課長研修を受けたEですが、部下のことで困っているので相談に乗ってほしい」

とメールがあり、来室。

Eさん「部下は好き勝手に自分のやり方で仕事をするし、会社がワークライフバランスとか多残業禁止とか言うから、従来通りには仕事を命じられない。どうしていいかわかりません」

どんな部下なのか聞いてみると、「MBA留学に行きたい。だめなら退職する」と言う部下、「いま海外に駐在に出ないと、もう手遅れになりそうで心配です」と自分のキャリアばかり気にする部下、何度も職場復帰に失敗した過去があり、安心して仕事が任せられない状態なのに「私の評価が低すぎる」と不満を訴えてくる部下、さらに、入社したばかりの女性の部下が、仕事の基本より結婚・出産・育児の支援制度についての質問ばかりしてくると言います。

部長からは、「そこを上手に指導しながら業績を上げるのが課長だろ。部下のメンタルヘルスを大事にして、モチベーションを落とさないように気をつけろよ」と丸投げされてしまい、戸惑っていました。そんな周囲への不満を、Eさんはひとしきり話し続けます。

CCT「MBA留学したい、という部下の方は、社内試験に合格しているんですか？」

Eさん「いえ。2年続けて失敗しています」

CCT「かなりの難関ですからね。来年は受かるように、勉強に時間を割けるようにしてあげるお考えはありますか？」

Eさん「いまでも、無駄な残業はしていませんし、あとは本人の努力次第じゃないでしょうか」

CCT「海外駐在への希望は、わからなくはありません。Eさんも駐在の経験がありますよね」

Eさん「はい。昨年まで3年間、オーストラリアにおりました」

CCT「30代になってからですね。20代の頃は、海外に出たいという焦りはありましたか？」

Eさん「そう言えば、焦りというわけではありませんが、早く出たいという気持ちはありました」

さまざまな角度からじっくりと話をして、1時間後にEさんはキャリア相談室を後にしました。

「長い時間じっくり話を聴いてくださってありがとうございます」と、最後の落ち着いた言葉が印象的でした。

面談2回目（3日後）

メールでのやりとりの後、もう一度希望があり来室。

Eさん「実はあの後、部下と話し合う場を持ちました。一人ひとりと話をして、お互いに気づくところがあったように思います。海外駐在にしろMBA留学にしろ、目標を持つことは悪くないけれど、目の前の仕事でしっかり成果を出すことで周囲から信頼されるようになり、希望に近づくような後押しも期待できます。そう伝えると、納得したようで表情が明るくなりました。それを見て、自分は何でこんなに悩んでいたのだろう、と思いました」

何より大事なのは、部下と向き合う姿勢を見せることだと気がついたようです。偉そうに何かを語るのではなく、部下からでも「話を聴かせてもらう」という姿勢で臨んだことから、気づきを与えるような質問を繰り出すことができたのだと思われます。

事例まとめ

Eさんの事例は、新任管理職が陥りがちな状況であったと思います。思うに任せない部下と、丸投げ部長の板ばさみになっている、という状況です。

面談を通して、4人の部下一人ひとりの問題を話しているうちに整理ができ、何が問題で、何をすればいいのか、どうアプローチしてみようかなどと自分から考え始めたようです。

部下ときちんと向き合って対話をする前に、先入観も相まってネガティブなイメージで接してしまっていたのでしょう。その結果、冷静さを欠き、イライラして、客観的な分析や行動ができなくなっている自分に気づいたのです。自分の特性として、気持ちが追いつめられると、そのようになりがちなことにも気づいたようです。

配属された部署のことをよく知らない場合、相談できる相手がなく、問題を一人で抱え込んでしまうケースが少なくありません。そのような時に、上司からの厳しい指導があると、部下の問題に早めに手を打つことができなくなります。この事例について、指導者である部長の研修や新任課長研修に反映させることにしました。

この事例は、企業内キャリアコンサルティングが、「②相談機能」を通して「③問題解決機能」を発揮し、新任部長研修や新任課長研修に反映させるという「⑤人材育成機能」にまでつながりました。日頃、業務に夢中になっていて多忙で、複雑な業務に支援も少なく孤独になりがちな管理職に、人材育成の大切さを考えてもらえる機会でもあったと思います。

キャリアコンサルティング事例6

部下Fのやる気が低下している。後輩たちがついていけないようだ

対象者1：X部長（40代後半、男性、営業職、既婚）
対象者2：Fさん（20代後半、男性、営業職、既婚）

面談のきっかけ

X部長のもとでは、部下の若手社員がメンタルヘルスの不調などで出社できなくなったり、退職を決めたりするケースが頻発していました。中でも人柄が良く、業績も上げてきたFさんが、後輩の指導がうまくできず思い悩んでいる、と言います。そこでX部長から相談がありました。

主訴（本人がいちばん訴えていたこと）

「仕事のできる上司が、部下をつぶしたいなどと考えるはずがない。こうしたケースはどの部署でもあると思う。Fについて、あなたはどう判断するか？」

キャリアコンサルタントの見立て

Fさんに関する相談でしたが、実はX部長は、部下の問題はFさんに限ったことではなく、部署のカルチャーが変わらない限りいつまでも続くのではないかと考えているようでした。

キャリアコンサルティング方針

X部長からの依頼で、Fさんの部下育成・リーダーシップについて支援する役割を担うことにしました。一方で、本件の焦点は、X部長自身に向けて考えることにします。目の前の部下や組織から離れて、世の中でいま何が起こっているかに気づいてもらうことに注力します。

面談1回目

「Fの部署で問題があることは知っていると思うが、少し話を聴いてもらえるか?」とX部長が電話連絡ののち、来室。

X部長「最近の若い人は弱いんだろうか? 自分の若い頃はこんなに病気になったり、簡単に辞めようとしたりはしなかったと思うんだが」

そこでまず、学会のレジュメや人材誌の記事の切り抜きを見せながら、専門家が分析・報告している内容を話し、若い世代で起きているメンタルヘルス不調について少しでも関心を持ってもらうよう試みます。

X部長「でも、どんな先輩の下でも元気に働き、どんどん自立して伸びていっている社員も大勢いると思うんだが」

CCT「そんな風に、自主的に育つケースにもしっかり目を向けていることは素晴らしいことですね」

X部長をいったん評価しながら、若手社員が採用試験の時に見せていたような元気をなくしてしまうのには、必ず何かしらの理由がある、それを現場から探ってほしいと伝えます。

しかし、X部長にはその余裕がないようでした。「Fを一度来させるから、相談に乗ってやってほしい」と依頼されて面談は終わりました。

面談2回目（3日後）

出張帰りのFさんから電話があり、来室。

「部長の指示があったから伺いましたが、忙しいので短時間でいいですか？」と、あまり乗り気ではありません。

Fさん「（若手が休んだり辞めたりするのは）採用に問題があるんじゃないですか？　仕事は遅いし、正確さを欠く。約束の時間を守らない。自分から考えて、訊いてくるということもない。研修をしっかりやってほしいですね」

人事に対してストレートな批判をしてきましたが、そのままムキになって受け答えはしません。可能な限り、Fさんサイドに立った姿勢で、現場での部下指導の苦労について教えてもらいます。

Fさん「後輩のできが悪くても、先輩がそれに合わせなくてはいけないのですか？」

やや喧嘩腰になってきても、こちらは柔らかい姿勢を決して崩しません。

さらに、Fさんが新入社員だった頃の思いや、周囲の若手社員をどのように受け止めてきたかも訊いていきます。

CCT「Fさんから見て、部下がいちばん伸びたと感じたことがあれば、話してみてもらえるかな」

CCT「どういう指導をした時に、結果的に部下は気づきますか？」

CCT「自分の時はどうでしたか？」

CCT「部下に対しては誰にでも、自分のスタイルで同じ教え方をしていませんか？」

そんな質問を繰り返すうちに、こちらが話す前に、Fさんが自分で整理をし始めます。

Fさん「いままで社内外の研修で部下指導についていろいろ教わってきましたが、それを研修通りには使えていませんね。もしかすると、これまでの部下には自分がつぶしてしまっていた社員がいるかもしれない」

徐々に自らにも問題点があることに気づいたようです。

CCT「仕事がどんなにうまくいっても、周囲で傷む人が出たり、トラブルがありそうな時、相談できる先輩になっていないと、結局、自分が困ることになるんじゃないかな」

面談3回目（その翌日）

面談の後、Fさんからメールが来ました。セミナーや本を推薦してほしいとの依頼です。そのメールに返信を打っていると、X部長がふらりと訪ねてきました。

X部長「昨日、Fと話をしてくれたみたいですね。これからどのように接していけばいいですか？」

CCT「Fさんや、彼の後輩の態度の変化に注目していてください。そして、何か良い結果があれば、どう接したら良いか、ご自分で考えてみてください」

あえて具体的な対処法には触れないようにしました。それを鵜呑《うの》みにして実行するのではなく、自分自身の考え方で職場の現状を改善してもらいたかったからです。

CCT「今回、X部長がFさんの件で当室を訪ね、さらに本人を送り込んでくださったことに感謝しています。職場のコミュニケーションに関心を持つこと、社員の顔が元気かどうかを見ていることが、実は業績にもつながり、トラブルが激減することにもなるんです」

後日談

数カ月後、「課長を何人かずつ集めるので、研修を企画してほしい」とX部長から依頼が来ました。Fさんの指導法やコミュニケーションに変化が表れ、後輩たちがイキイキと働くようになった、と感じられたからです。そこで、部署に特化した研修を即刻実施することが決定しました。

研修の場では、事例をもとにお互いに話し合ってもらいましたが、意識の違いが多く見られ、同席した部長から、職場の社員を守る前向きな発言が出たことに感動しました。

事例まとめ

上司が業績だけでなく、健全な職場運営に目を向ければ、部下が抱えているトラブルが早期に発見でき、スムーズに手が打てるようになります。職場活性化を命じるだけの上司ではなく、実際に悩み、相談し、分析し、手を打つ姿勢がいま、強く求められているのだと思います。現場が「①アンテナ機能」を持つことの大切さを痛感した一例であり、「⑤人材育成機能」も発揮することができました。

3

シニア社員の相談

シニア社員の問題は、中高年のキャリアコンサルタントにしかわからないとか、相談者に相手にしてもらえないということがよく言われます。しかし、そうではありません。たとえ若くても、あるいは管理職経験のない女性のキャリアコンサルタントでも、「丁寧に話を聴く」ことが大切なのです。

かつては優れた業務手腕を発揮した社員であっても、現在、苦境に陥っているとすれば、転職を含めた「何か世話をする」というスタンスではなく、シニア社員が自らを冷静に振り返る機会を与えるというのはどういうことか、どんな結果がありうるのか、を考えてほしいと思います。

キャリアコンサルティング事例7

私が言う通りにやればうまくいくのに、上司は聞く耳を持たないのです

対象者：Gさん（50代前半、男性、妻と子ども2人）

面談のきっかけ

営業経験が豊富で、海外での主管者経験もあるGさん。地方、海外、事業会社出向を経験して、現在は本社に戻っています。

現状のGさんは、職場で不遇をかこっています。周囲からは浮いていて、大事な仕事は回ってこないと言います。

チャンスさえあれば、まだ自分は価値のある仕事ができる。Gさんはそう考えていますが、どうやら周囲の評価は違うようです。

居場所がない中、Gさんは、そのうち転籍を命じられるのではないか、と不安を覚えています。

主訴（本人がいちばん訴えていたこと）

「特にこれといった仕事が与えられず、どうも上司が出向・転籍を考えているようです。でも、私は退職する気はありません。大学生と高校生の子どもが就職・結婚するまで、この会社にいたい、と思っています」

キャリアコンサルタントの見立て

経験豊富で仕事のスキルは高いようですが、話の内容、話し方(言葉の使い方、表現方法)から、人間関係を維持するコミュニケーション能力に欠けていると判断されます。

自分に対する評価は高く、他者への批判、周囲への厳しい目線が感じられ、前向きな発想からのコメントが少ない。これでは一緒に働いている仲間・上司は扱いづらいだろうなと感じました。

現在はこれといった仕事をしていない状況なので、所属部署が出向や転籍を検討することは間違いないでしょう。

妻に対してのプライドもあり、退職せずに、このまま本社に残るための相談に来室したと考えられます。

キャリアコンサルティング方針

まずは、これまでの経歴に従ってどのような業績をあげてきたか、その中で何を考え、工夫してきたかを訊くことにします。

その上で、家庭の状況も含めて、人間関係でありがちな意思疎通の問題など、コミュニケーションで苦労したことや、どうやって難しい場面を乗り越えてきたかを訊いていくことにしました。社内外を問わず、人間関係においてきちんと理解され、共感される話し方、聴き方についてどのように考えているかについても話してもらいます。

面談1回目

「毎日会社でデスクに座っていても楽しくないのですが」と電話があり、来室。

Gさん「30年以上会社に貢献してきて、いま、何でこのような扱いを受けるのかわからないのです。退職させられることはないと思うのですが、最近、年下の上司も同じ部の同僚も、私がいつここから消えるのかと考えている気がします。どうしたらいいのでしょうか?」

CCT「これからのことはゆっくり相談しましょう。まずは、あなたのことを知りたいから、会社に入ってからどんな風に仕事を覚えて、部署に貢献してきたか、悩んだことや工夫してきたことについて聞かせてください。そうした時期に、周囲の仲間やご家族はあなたのことをどう言っておられましたか？」

それから約1時間、Gさんは自分の経歴を語り、職場メンバーとの関わり方や、家族の様子について話しました。

Gさんは30年近く、人に自分の仕事のことや、どう思っていたかを話したことがなかったと気づきました。

Gさん「考えてみれば、日頃は振り返るということがなく、周囲は評価してくれるはず、わかってくれるはずと思って頑張ってきました。誰かと腹を割って話す、というようなことはなかった気がします。上司との業績評価の面談でも、余計なことを説明するといやらしいし、実績以上に自分の評価を上げてほしいと言っていると思われたくない、などということも考えていたように思いますね」

この事例では、一度で本人の気づきから行動を変えるまでにつなげるのは難しい、とキャリアコンサルタントは判断しました。そこで、キャリア相談室で話すことが楽しく、自分では気づかなかったことがいろいろとありそうだ、と感じてもらえるように努力しました。

次回については、あえて予約を入れてもらわず、「次は来たくなったらどうぞ」と伝えて本人の姿勢を見ることにしました。

面談2回目（1週間後）

「立て込んでいた仕事が一段落したので行ってもいいですか？」と電話があり、来室。特に重要ではない調査や分析の業務に取り組んでいた、と言います。

CCT「仕事にやりがいが見いだせるようになってきたんですか？」

Gさん「いや、上から下りてくる仕事をこなしているだけですよ」

そこで今回は、相談に来たいと最初に考えた時のことを話してもらいました。話は初回に比べ、かなり具体的な内容でした。

Gさん「もともと、私が教育を担当していた部下がいまの課長なんです。私の考え通りやればうまくいくのに、聞く耳を持たないのです。私は海外で主管者もやっていたのに……。人の話を聞けない上司ってどうなんでしょう。困ったものです」

CCT「なるほど。ではもし、あなたが課長の立場だったら、いまのあなたに何を感じ、何を指示するでしょう？」

このように、Gさんが抱えている一つひとつの問題について、客観視するよう促しながら質問を重ねていくと、「きっと私もイライラするでしょうね」とか「私もびしっと叱ると思います」という反応が出てきました。

このやりとりにはたっぷり1時間かかりましたが、終了時、Gさんはじっと考え込み、「もう一度来たい」と3日後の予約を入れて部屋を去っていきました。

面談3回目（初回から10日後）

「転籍を避けるというより、いまの職場で働き続けるためにはどうすればいいか考えたい」とGさんは言います。

そして、ここまで2度のキャリアコンサルティングについて自分から語り始め、「何をすれば部署に受け入れられるでしょうか？」という質問をしてきました。Gさんの姿勢は明らかに変わっていたのです。

私はすぐには回答せず、周囲のさまざまな方の立場で質問を繰り返していきます。するとGさんは、「大事なことは、相手目線でのコミュニケーションなんでしょうね」と言って帰って行きました。

後日談

Gさんは結局、出向を打診され、それには応じず自ら起業する形で退社することになりました。

退職の日、キャリア相談室を訪ねてきたGさんは、その後、周囲への柔らかくなった接し方が評価され、相談を受けるほどになっていたと言います。最終的には、職場の女性社員たちから感謝の言葉とともに花束をもらった、と話してくれました。報告しながら涙を浮かべていたのが印象的でした。

「これから、妻や従兄弟と3人で起業するつもりです」と誇らしげに語っていました。

事例まとめ

優秀な人材が年齢を重ね、コミュニケーションなどのスキルの問題で、働く場を失うことが増えています。

仕事上は知識が増え、経験を重ね、成績を評価されてきても、「実るほど頭《こうべ》を垂れる稲穂かな」とはいかず、周囲を下に見て、発言も上からになっていく、というタイプの方は少なくありません。

Gさんと話しながら感じたそのような所見を本人にそのまま伝えても、すぐには得心しなかったでしょう。

本人の「腑《ふ》に落ちる」ことが大事なことであり、キャリアコンサルタントはそのために、ただ話をじっくり聴くだけではなく、さまざまな角度から質問を繰り出すことで相手に気づきを与えることもあるのです。ここでは「②相談機能」「③問題解決機能」が発揮されました。

この事例では、残念ながら退職は避けられませんでした。

とはいえ、もっと早い時期からGさんのプライドや経験を尊重しながら、適した仕事を任せる余地はなかったか、とも感じます。上司にあたるマネジャーにこれまでの思い込みがあり、気持ちの余裕がなかったということかもしれません。無論、当初のGさんのコミュニケーション力や、職場での姿勢に問題があったことは間違いないのですが。

しかし、3度のキャリアコンサルタントとの対話を通して、Gさんの意識は大きく変わったと思います。

退職の際に職場の女性社員たちから花束をもらったのは、Gさんの中で職場メンバーとのコミュニケーションに前向きで大きな変化が起きたからでしょう。例えば、業務に関してのノウハウを教えるようになり、そのうちに周囲の女性・若手社員が相談に来るようになったようです。また、ちょっとしたトラブルの際、一緒に客先に説明に行ったこともあったそうです。みんなに誘われて、お酒を飲みながら、昔の職場のことや苦労した仕事上のトラブルを、どのように工夫して解決していったのかを話すこともあったと言います。

つまり、相手目線のコミュニケーションの重要性に気づいたGさんは、自ら意識と行動を変えたのです。それはすなわち、キャリアコンサルタントの言葉が「腑に落ちた」ということを物語っているのでしょう。

このようなケースでは、人事担当や上司は、最初から至らぬ点を指摘してしまうことが多いのではないでしょうか。しかし残念ですが、長い人生で修羅場をくぐり抜けてきた中高年社員は、少しばかり何かを指摘されたぐらいでは変わらないのです。

その人が変わるとすれば、それは自分で気づき、納得した時だけです。企業内のキャリアコンサルティングがそうした支援の役割を果たすことに、企業側にも気づいてほしいものです。

キャリアコンサルティング事例8

私にはこんなに立派な経歴があるのに、どうして転職先が決まらないのでしょうか

対象者：Hさん（50代後半、男性、元主管者、既婚）

面談のきっかけ

60歳の定年を前に、社内や事業会社に居場所がなくなるHさん。初めての仕事にチャレンジする気持ちはなくなっています。

「やりがいを感じられさえすれば、処遇は問わないので転職したい」と考えていますが、会社が受け入れ先をなかなか見つけてくれない、と不満を持っているようです。

主訴（本人がいちばん訴えていたこと）

「私の転職先を早く探してほしいんです。私は営業で、海外でも国内でも成功を収めています。私のこの経歴なら、いくらでも欲しがるところがあるでしょう」

キャリアコンサルタントの見立て

このような姿勢では、面接でも経歴書の自慢話に終始し、相手企業が人材として欲しいとは思わないでしょう。また、仮に採用されたとしても、人にものを教わろうという姿勢が見られないので、長続きはしないと思われます。これまで勤務した組織での仕事の進め方を持ち込むことだけを考え、新しい職場を丁寧に把握して溶け込むとは思えません。

キャリアコンサルティング方針

異動の際に誰が、Hさんの何を評価して決めたのか、それをどのように伝えたのかを知ることに集中しようと考えました。

その際、Hさんには人格識見、業務経験が秀でた社員としての発言を求めることにします。その後、徐々に、業務での取引先や下請け業者との関係、部下への指示・育成にどのような思いを持って進めてきたのかを聴いていくことにしました。その上で、自らのキャリアをどのようにつかみ取っていくかをストレートに話し合っていこうと考えました。

面談1回目

「別に細かいことは言わないから、やりがいのある仕事を見つけてください。新しい会社で頑張りますよ」と飛び込んできたHさん。経歴書には書かれていない「誇れる話」を次々と広げ、いかに自分がコミュニケーション上手で、気配りが優れているかを語りつくしました。

初日は自慢話に終始し、キャリアコンサルタントはほとんど聞き役となりました。

面談2回目（1週間後）

Hさんから「こんな話をしていても、あなたには意味がないでしょう。早く転職先を決めてくれればいいんだ」との電話が来て来室。

ここまでは、ゆったりと、「暇なキャリアコンサルタント」という受け止められ方を甘んじて受けています。

面談3回目（1カ月後）

「そろそろ決めてほしいのだが……」とメールがあり、来室。

ここで初めて、仕事について話をしました。

ここまで意図的に業務そのものから離れたやりとりをしていたので、率直に仕事について語ってくれました。

ただし、話をしていくうちに、自らの一方的な姿勢に気づき、妻からも最近人の話を聴くようになってきたと言われたと言い出します。

Hさん「必ずしも若い頃からやってきた仕事をしたいのではなく、自分をうまく使ってくれる社長がいる会社ならいい。仕事人間だったから、これからは少し妻との山登りやテニスの時間を持ちたいと思っています」

そんな話をぼそっと話し出します。

CCT「あえて言えば、仕事が大好きで、仕事がやりがいのあるものならいいのですか？　それとも、まだお金が必要で、少しでも給与や福利厚生がいいなら、ほかは我慢できますか？　人の役に立っていると自覚できるものがいいのですか？　あなたにとって何がいちばん大事ですか？　そのあたりも教えてください」

このようなやりとりをもう少し継続した後、転職先が決まりました。

当初の希望とはまるで異なる会社でしたが、ハッピーな門出であることを告げに来てくれました。

後日談

退職後、ある日突然、部屋を訪ねてきたHさん。

「面談を受けていた頃は、あなたは何を訊いているんだろう、こんなことで転職先が決まるはずがない、と思っていたんだ。でも転職してみてわかった。あのままの自分で転職していたら、こんなに幸せな60代は過ごせていないだろうな。妻も喜んでいる。ありがとう」

時間はかかりましたが、「転職支援」の一つの典型だと思いました。

事例まとめ

当初、周囲からも、「転職の専門家なのに、これだけの経歴を持った人でもなかなか決められないんですね」との指摘がありました。

しかし、自分の将来のキャリアを見つめる姿勢が本人の中で定まっていないと、転職先を決める目先の作業に目が行ってしまいます。

転職先からも後で感謝される転職支援をしたいものだと思います。その際には、長い期間身体に染み込んだものの考え方をじっくり見つめることが次のステップに進む際に重要であり、キャリアコンサルティングがその一助になることに気づいてもらいたいものです。

この事例では「②相談機能」「③問題解決機能」「⑤人材育成機能」が有効に働いたと思います。

4 中途入社社員、障がい者、非正規社員の相談

ダイバーシティを重視することが唱えられる中で、中途入社、障がいを持った社員、非正規社員など、職場で働く人は多様になっています。キャリアコンサルタントは、それぞれについての多様性を理解した上でコミュニケーションを図る必要があります。

キャリアコンサルティング事例9

人生を賭けた転職は間違いだったのだろうか？

対象者：Iさん（40代前半、男性、課長、既婚）

面談のきっかけ

中途入社のIさんは、前職では20人の部下を持つ管理職でした。業界での知識・経験をベースに、給料が下がることを気にせずに転職を決意。しかし、部署間の関係構築や仕事の進め方になじめず苦しんでいました。

主訴（本人がいちばん訴えていたこと）

「深夜まで残っても仕事が回らない。部下指導もうまくできない。自分はこの会社に向いていないのでしょうか？」

キャリアコンサルタントの見立て

上司からの期待が重荷になり、部下の反応に戸惑い、業務も進まず、自信をなくしています。メンタル面でも危ない状況にあり、もともとの物事の捉え方にも課題がありそうだと感じられます。

キャリアコンサルティング方針

現在起こっていることを、第三者の目線で整理することから始めました。さらに、Iさんが過去、大きな転機にぶつかった時に、どのように考え、対処してきたのかを思い出してもらいます。その上で、関係者がIさんを応援したくなる状況を考えてもらいます。

落ち着いてきたら、自らのライフキャリアや、組織がイキイキするような変化をどう作り出すかを言葉にして語ってもらうことにします。

面談1回目

予約なしにやってきて、キャリア相談室を覗き込むIさん。

「中途入社社員研修で、ここの話を聞いた者ですが、いまいいですか？」

いかにも精神的に余裕のない雰囲気で、切羽詰まった状況を感じました。

このような場面では、すぐにキャリアコンサルティングを実施するのではなく、この部屋が安心できる場であることを確信してもらうことが重要です。

CCT「よく来てくださいました。覚えていてくれてありがとう。どのようなことでも話してください」

Iさん「勢い込んでこの会社に移ってきたので、あまりのギャップに驚きました。自分で自信があって転職を決めたので妻にも会社での愚痴は言えず、生まれたばかりの子どもを風呂に入れる時間に帰宅できないことを責められるんです。自分だってそうしたいのに……」

Iさんのつらい思いをまずは受け入れ、職場で何が起こっているのかを、思うままに話してもらいます。しばらくすると、Iさんは落ち着いてきました。

Iさん「こんなにも自分のこと、それもプライベートのことまで聴いてもらえるなんて、前の会社でも、家でもありませんでした。何だか少し落ち着きました」

CCT「それは良かった。この部屋はいつでも安心して来てください。では、どうすれば上司や部下から信頼されて、深夜まで業務をしなくても仕事が回るか、一緒に考えてみましょう」

Ｉさんは決して能力がないわけではありませんが、必要以上に肩に力が入り、周囲に弱みを見せてはいけないと気張っているのが気になりました。

そこで、客観的な事実と、感情的な問題を区別して考えるよう促していくことにしました。

面談2回目（1週間後）

「週末よく考えたので、話を聴いてもらえますか？」と電話が入る。

入室してきたＩさんの顔の明るさに驚きました。

Ｉさん「妻に、この部屋に相談に来たことを話しました。実は、妻も一人でイライラしていて、つい赤ん坊にまで当たっていたということでした」

長い時間をかけて奥様と話し、仕事や職場の悩みを打ち明け、自分も子どもを風呂に入れたいんだと伝えたと言います。そして、これから何でも一緒に話し合っていこうと約束したそうです。

奥様との関係が良くなったことで気持ちに余裕ができ、部下の一人の業務もきちんとサポートできたので、そこから、職場の人間関係もスムーズに行き始めたと言います。

後日談

Ｉさんが、中途入社の仲間の一人を連れて来室しました。

「この部屋では、安心して何でも話していい。俺は会社を辞めなくてはいけないか、という相談が最初だったんだ」と紹介してくれました。

事例まとめ

Ｉさんの場合、キャリアコンサルティングをする中で、「誰にも弱みを見せてはいけない」と構えていたことで、自分自身をがんじがらめにしていたことに気づいていきました。

また、Ｉさんの職場では、中途入社の社員がまずは溶け込むことが大事であると理解していなかったことも大きな問題だったようです。

そこで、「④連携機能」「⑥提案機能」を発揮して、このことを採用や研修担当と共有し（個人の問題としないことには注意が必要です）、施策や研修に生かしてもらうことにしました。

キャリアコンサルティング事例10

障がいがあって、週末の研修に参加できないのがつらいんです

対象者：Ｊさん（50代前半、男性、一般職、既婚）

面談のきっかけ

Ｊさんには障がいがあり、事業会社に出向中です。働きやすい環境には感謝しているものの、近頃、会社で積極的に進めている「人材育成施策」の研修の中には、週末に実施されるものもあります。Ｊさんは参加したいと思っているのですが、週末は身体を休めたり、家庭のことをこなすのに手一杯で、行けないことに引け目を感じています。

主訴（本人がいちばん訴えていたこと）

「週末の研修に出るようにと言われましたが、障がいのある自分には参加する余裕がありません。でも、普段良くしてもらっている上司に『参加できない』とは言い出せないのです」

キャリアコンサルタントの見立て

上司も含め、周囲が状況をよく理解して制度を運用すれば問題はないと考えました。

一方で、Ｊさんが上司への相談をためらっているのは、「障がい者の立場で、善意の施策を受け入れないのはけしからん」と思われることを怖れているためと推察しました。

キャリアコンサルティング方針

現在の部署に来てからの仕事の内容、人間関係について、嬉しかったことや困ったことなど、Ｊさんのペースで話してもらいます。

職場でのできごとを帰宅後にどんな風に話したかも、嫌がらなければ聞いていきました。

気持ちが落ち着いてきたら、Ｊさんが人事部や上司の立場だったら、どのように誘うのかも訊いていくことにします。

その後で、今後、どのようなキャリアを社内外で積んでいきたいのか、そのためにはどのような学びが必要なのか、整理しながら質問していきます。

面談1回目

「相談に行ってもいいですか？」と電話が入り、来室。

Jさん「今週末、特別な研修が用意されて、急に出社するように言われたんです。でも、私には障がいがあって、平日は帰宅すると疲れきっていて何もできず、家事は週末にまとめてこなすしかないので、できれば週末に行う研修は断りたいのです。でも、このような職場で働けていることには感謝しているので、上司に不参加を伝えたら怒られそうで。『それならもう人材育成の話はしない』と言われてしまうのではないかと……。どうしたらいいでしょう？」

かなり焦っているようですが、研修に出る、出ないの結論を急いで、Jさんの周辺にぎすぎすした関係を生じさせないことが大切だと考えます。

CCT「上司にどう相談するかを決める前に、まずは入社後やこの部署に来てからの話を、Jさんのペースで話してみてください」

最初は感情的だったJさんも、過去を振り返りながら話をすることで少し冷静になってきます。そこで次に何をしていけばいいのかを、一緒に考えることにしました。その手助けになるような質問をしていきます。

CCT「上司にはこれまでに、何かのことで相談したり、お願いしたことはありますか？ その時、上司はどんな反応でしたか？ ちょっと、上司になったつもりで言ってみてください」

CCT「いままでに参加した研修で、いまでも覚えているというのかな、気に入った研修があったら教えてください」

CCT「逆に、こんなものは意味がないと思った研修はありますか？　覚えている範囲でいいですよ」

質問に丁寧に答えるJさんですが、やはり今週末の研修に出るかどうかが頭から離れないようです。

Jさん「でも結局は、週末に研修に出るかどうかで、上司は『部下が素直かどうか』という判断をするのではないでしょうか」

CCT「これからも、さまざまな上司のもとで仕事をしていく機会が出てくるでしょう。困った時に、我慢して黙っているというだけじゃなくて、工夫して理解してもらえるように努力していくほうが得ってことはないでしょうか？」

Jさんの言葉をオウム返しにし、言い換えて事実関係を確認していくうちに、「思い込み」

や「あきらめ」の言葉が減り、少しずつ前向きなものに変わっていきました。
この日は、過去の振り返りを中心に進め、課題の「研修参加」については、結論は出さずに終わりました。

面談2回目（4日後）

週末前、Jさんが部屋に突然飛び込んできました。

Jさん「妻と相談して、研修に参加することにしました。実は、数日悩んでいて返事が遅れたのですが、妻は『あなたの将来のキャリアに生きる研修なら、お願いしてでも受けさせてもらったほうがいい』と言うのです。上司からは、そんな悩みはいつでも相談してくれよ、って言われてしまいました」

要するに、取り越し苦労だったのです。Jさんは、研修がどんなものだったか、後日、いい顔をして話しに来てくれました。

後日談

ある日、Jさんの上司と話をしていたら、Jさんの話題になりました。「先日、Jさんの奥さんが研修参加を勧めてくれたと聞きました。でも、その前にここに来て、話を整理してもらったらしいですね」

上司は感謝の思いを口にしたのでした。

事例まとめ

「研修」への参加は、強制か任意かがポイントではなく、人事や上司が状況を確認することが大切です。たとえ1度しか機会がない研修だとしても、「社員はそれに従うべき」という発想から離れたいものです。

上司が「ぜひ受けたらいい、あなたのためになると思うがどうだ？」と訊き、研修参加後に「どうだった？」と感想を聞く習慣が「人を育てる研修」につながると考えます。特に立場の弱い社員については、慎重に進めるべきでしょう。

この事例では、「①アンテナ機能」「②相談機能」「④連携機能」がうまく発揮されました。

キャリアコンサルティング事例11

正社員でないと相談に乗ってもらえないのでしょうか?

対象者:Kさん(50代半ば、女性、派遣社員、既婚・子ども2人)

面談のきっかけ

Kさんは取引先とのやりとりがうまく、職場では頼られています。以前は大手メーカーに勤務していました。結婚後、2人目のお子さんができたのを機に退職。派遣社員となり、事務処理業務に従事しています。以後、3年ごとに派遣先を替わっています。

「最近、Kさんが元気がない」と、同じ課の女性(正社員)が気づき、キャリアコンサルティングを勧めてくれました。

主訴(本人がいちばん訴えていたこと)

「会社も仕事も好きなのに、周りと比べると、正社員のようには守られていないと感じます。どうしたら気持ちよく働けるのでしょうか?」

キャリアコンサルタントの見立て

会社が派遣社員とどういう契約をし、どのように時間管理や業務分担をしているか。職場の上司や同僚たちがKさんにどう接しているか、その人間関係を把握することがポイントになりそうです。

Kさん自身は、周囲の配慮があれば気持ちよく働いてくれそうに見えます。Kさんの相談ではありますが、逆に会社側が今後、派遣社員など非正規社員の働き方を見直すためのヒントがもらえそうだと思いました。

キャリアコンサルティング方針

まずは「働くこと」や「職場への期待」などを、過去の経験を交えて話してもらいます。

次に、いまの職場では仕事の指示や確認、事後の報告などで、どのような時に貢献している実感が得られそうか聴いていきます。

いま「守られていない」と感じる大きな理由を聴き、理想的な職場について思うところを話してもらいます。

面談1回目

「職場でこの部屋のことを教わったのですが、正社員じゃないとだめですよね?」とKさんから電話がありました。

この会社で働く人であれば、誰でも相談に来てかまわない、と説明しました。Kさんは少し驚いたようでしたが、数日後に来室しました。

最近、やや元気がないKさんの様子を心配した職場の正社員に、相談に行くことを勧められたそうです。

Kさん「この会社に来た時は、業務を引き継ぐ女性が先に辞めていたので、担当外の方に教わりながら覚えていくというスタイルだったのです。それまでの勤務先とは違うので、仕事に時間がかかり、仕事が遅いとか正確でないと思われたら嫌だな、と思いながらここまで来ました」

ここは共感しながら、できる限り「教えてもらう」という姿勢を崩さず、思いのままを安心して話してもらうことに専念しました。

CCT「会社にいて、どんな時に『仕事をしている、役に立っている』という実感がありますか？」

CCT「では逆に、どんな時に『嫌だな、つらいな』って思いますか？　そんな時、誰に相談したらいいと思いますか？」

Kさん「仕事の指示が明確でない時や、みんなが退社してしまって夜一人でデスクで仕事をしている時などは、つらいなと感じます」

面談2回目（2日後）

Kさん「結局私たちは、ある時期が来ると仕事から離れていく立場なのです。引き継ぎすらできないことだってあるんです」

CCT「いままで、つらい思いをしてきたのですね。会社も仕事も好きなのに、それをちゃんと完結できずに。どうですか、いまの職場ではコミュニケーションはうまくできていますか？」

Kさん「一昨日のキャリアコンサルティングの後、職場の仲間や上司とも話をすることができました。いままで派遣社員として勤務していた会社でもそうだったのですが、もっとみなさんに自分の思いを伝えていけばいいのだと気がつきました。理想の職場があるのではなくて、自分から理想の職場にする、というような感じが湧いてきています。これまで勤務した会社にも、こうしたキャリア相談の部屋があったら良かったなあ、と思います」

後日談

派遣期間が終了する時に、職場の仲間から送別会を開いてもらったことを、Kさんはキャリア相談室に来て誇らし気に話してくれました。

「またいつか派遣社員として求められたら、この部屋にも相談に来たい」というのは嬉しいコメントでした。

事例まとめ

このKさんとのやりとりは、その後の新任部長研修、新任課長研修で一般化して使いました。職場の管理職が知っておくべき内容であり、「①アンテナ機能」「⑤人材育成機能」「⑥提案機能」にもつながるものだと思います。

派遣社員など非正規社員といえども、会社の前面に立って仕事をしている大切な「社員」です。ですから、職場がイキイキとするためには、正社員、特に上司の依頼を受けてキャリアの相談に乗るのは正しい方向だと考えます。

法的な問題や、派遣社員の送り出し企業の考え方をよく調べた上で対応することが、会社の品格だと思いたいものです。

5

相談事例のまとめ

相談者と向き合う時に大切なこと

ここまで11の事例を読んで、どのように受け止められたでしょうか。何しろ、生身の人間のキャリア（人生全体、すなわちライフキャリア）の相談です。そのことを意識しながら、その場に臨んでいるつもりで、再度お読みいただければ幸いです。

キャリアコンサルタントの面談の進め方には「正解」はありません。それでも、相手と向き合い、いい対話をするためには、いくつか守るべきポイントはありそうです。

・丁寧に相手の話を聴く

・丁寧に対話をして相手の心を聴く

・相手が自分を見つめる鏡になることに専念し、タイムリーに質問をする
・相手が話したことを整理し、確認することで、相手が自らを振り返ることの手伝いをする

望ましい対話のゴールは、相談をする当人が自分自身を見つめ、考え、動けるようになっていくこと。キャリアコンサルタントの働きかけを通して、そのように相談者が変わっていく過程を感じていただきたいと考え、事例を紹介し、説明を加えました。

私自身、キャリアカウンセリング室ではモデルケースや前例などなく、右も左もわからないままにスタートしました。どうかみなさまも、事例は参考にしつつも、新鮮な気持ちでチャレンジしていただければと思います。

先に挙げた事例には、ご自身の会社でのケースに似ている、というものもあるでしょう。また、そこまではないけれど、このままにしておくと同じような経過をたどるかもしれない、というものもあるかもしれません。ぜひ、事例を参考にしていただければと思いますが、真似をする必要はありません。相談者の抱える不安や悩みは一様ではなく、したがってケースバイケースで対話のあり方を検討する必要があるからです。一人ひとりの相談を受ける中で、自分なりのやり方を作り上げていただきたいと思います。

文中で指摘しましたが、私が提案する「六つの機能」のように、「企業内キャリアコンサルティング」には組織に資する視点がいくつもあります。目の前の相談者に真摯に向き合うことを通して、元気な社員、元気な職場を作ることに貢献する。そのことこそが、キャリアコンサルティングの本質的な役割と言えます。そこにやりがいを感じていただくことが、本書を通して私がぜひ叶えたいと考えていることです。

管理職の「孤独」に寄り添えるのは誰か？

11の事例に登場する相談者は、社内での立場の違いはありますが、何らかのきっかけから不安や悩みを抱え、それまでと同じようには働くことができなくなった人、あるいは立場の弱い人でした。

そのような人たちに、キャリアコンサルタントが相対し、対話を通して元気を取り戻してもらう、その過程をご紹介しました。

しかし、私は職場の中で、意外と見過ごされているストレスを抱えがちな層について、ここで特に強調してお伝えする必要を感じています。
それは部長、課長など中間管理職層についてです。

中間管理職層は、一定の権限を持ってマネジメントをする立場ですから、一見「弱さ」とは関わりない人たちに見えるかもしれませんし、会社組織の中ではケアを要する対象とはみなされにくいように思われます。

しかし、事例でも紹介したように、中間管理職層は権限を持つ一方で、相応の、場合によっては過大な責任を負う立場でもあります。また、「中間」という文字が示すように、「経営層＝上」と「部下たち＝下」に挟まれて、しばしばプレッシャーを感じる層でもあります。業績に対する責任や、部下を指導する責任、経営課題を組織で共有し実現していく責任、取引先に対する責任など、非常に多くのことに目配りをしなければなりません。

その一方で、多くの中間管理職は職場のリーダーとして弱みを見せてはいけない、と思い込んでいます。なぜかというと、彼らの先輩たちもまた、職場の中で弱みを見せない振る舞いをしてきたからです。

そのような、弱みを見せてはいけないという意識が、それでなくてもプレッシャーのかかる立場で、言うに言えない悩みを抱えさせてしまうことになりがちです。

　やや語弊があるかもしれませんが、社内でエリートと位置づけられる、能力の極めて高い社員となると、ことはさらに難しくなります。仮に業務上の難題を抱え、パフォーマンスを上げることに苦慮しているとしても、心を開いてありのままを話せる相手もなく、そのような場もありません。そのような「孤独なエリート」に寄り添うことができるのは誰でしょうか。彼に対して評価を下す立場である部門長などに対して、弱音を吐くことはできません。そのことがマイナス評価につながる可能性があるからです。

　そんな層には、キャリアコンサルタントの存在が貴重であり、対話をする中で気づきを得ることが可能になると私は考えます。


　中間管理職層は、会社によっても違いはあるでしょうが、子どもの教育や親の介護など、プライベートでもさまざまな課題が生じる年代でもあります。そのことも含めて、キャリアコンサルタントとの対話を通してライフキャリア・デザインをあらためて考えてみることで、仕事に集中できるようになるはずです。その際に、安心して相談ができる相手、部署が必要だと思うのです。

キャリアコンサルティングが「メンタルヘルス不調者」に対応する部署であるとか、「転職を上手に勧められる部屋」であるという誤った捉えられ方は、だいぶ薄くなってきたように思います。

ただ、それでもまだ「誰もが気兼ねなく、自然に相談に行くことができる場所」という認識には届いておらず、事例で紹介したような「弱った人」「弱い立場の人」のための場所と捉えられているのではないでしょうか。

職場の中でプレッシャーにさらされ、プライベートでもさまざまなレベルでの課題が発生しがちな年代でもある中間管理職層が、内容を問わずいつでも相談できる場所。経営者のみなさんには、キャリアコンサルティングのそうした機能にも目を向けていただきたいと心から思います。

第 4 章

キャリア相談室立ち上げを考える企業へのアドバイス

第3章では、1対1でのキャリアコンサルティングの事例を
紹介しましたが、続く本章では現在、企業内に相談室を開設して
キャリアコンサルティングに取り組もうとされている方、
あるいは、取り組みを始めて間もない方に向けて、
私自身の経験を踏まえた運営上のアドバイスをします。
いずれも現場のみなさんから訊かれる典型的な質問を
Q&Aの形でまとめました。

それぞれの会社には伝統や文化があり、その時々の経営者、人事部長にとっての思いがあります。誰もが会社や職場をもっと良くしたいと思っています。しかし、どこかの企業の先進的な制度をそのまま導入したからといってうまくいくわけではありません。会社によって風土が違い、置かれた状況も異なるからです。

キャリアコンサルタントは、企業の先進事例を学び、採り入れることが必要ですが、制度の運用に関しては、まずここから始めようとか、この入り方なら経営も社員も納得しやすいのではないか、という柔軟な姿勢で検討することが大切だと考えます。

正しいと信じて、また、間違ったことは言っていないんだから、と眉間にしわを寄せて上の方にぶつかって行っても成功の確率は高くないでしょう。

経営者や人事部の関係者に、「企業内のキャリアコンサルティング」に関する情報を、タイミングや場、状況をわきまえて工夫しながら伝え続けることが大事だと思います。企業内では、誰もがいつもどこかで、経営や職場の管理に資する新しい手法を探し続けています。そこに何をどんな風に語りかけたらいいのか、また、自分が伝えていることに説得力があるのかを自問する姿勢が大切でしょう。

2001年から、数多くの企業の経営者や人事担当者、キャリアコンサルタントの方々が、伊藤忠商事のキャリアカウンセリング室を訪ねてくださいました。また、2015年に定年退職した後も、多くの相談を受けてきました。そのような時々の質疑応答を踏まえて、キャリアコンサルティング導入を検討されるみなさんが抱きがちな疑問・質問にQ＆Aの形でお答えしていきます。

1 組織立ち上げ前

Q1 相談室開設が上司に認められなかったらどうしますか？

上司が悪いのではなく、自分の説明が悪く魅力的なものになっていないのではないか、上司が知りたいことや価値観から離れているのではないか、と考えてみてはいかがでしょうか。もしそうだとしたら、もう一度出直しです（これはまだ自分がこの分野でまったくの力不足だった頃、「こりゃあいかん！」と気づいたことです）。「何でわかってくれないんだ」と思うところからは何も生まれません。

社内にキャリアコンサルタント仲間がいれば最高ですが、いなければ社外の勉強会に参加し、キャリアコンサルティングで先行している企業に相談するのもいいでしょう。仲間を探すことです。ビジネスの世界には、商売のノウハウだけではなく、人を大切にすることの情報が飛び交うこともあります。

こうした質問には、企業内にキャリア相談室を創りたいキャリアコンサルタント自身がそうした柔らかさとフットワークの良さを発揮してほしい、とお伝えしてきました。

Q2 経営陣から「すぐに提案してほしい」と言われたらどうしますか？

みなさんは、日頃用意してある資料を持ってすぐに説明に行くことができますか？

2001～2002年頃、私は常に用意していました。絵やフローチャートを描き、「これでどうだろうか？　だめだとしたらなぜか？」と考え、説得力があるように役割・機能の説明書きの配置を替えたり、カラーにしたりして、何度も作り直した最新版をいつも持っていました。その当時、何を考えていたか、お伝えしましょう。

日頃かっこいいことを言っていても、「それじゃあ提案を」と言われてから悪戦苦闘、徹夜して絵を描いても、なかなかいいものはできません。いざと言う時に備えてああでもない、こうでもないと準備をしておくことは、営業の世界なら当たり前。管理部署でもそうありたいですね。

入社早々の若い社員にもこんな風に指導していませんか？「聞いたこと、指示されたことだけをやるのではなく、そこから広げて調べ考え、自分の意見を持て！」と。もしかすると、時代が変化する時には、どの年代もこうした発想が必要なのに、新しく入ってきた世代にのみ「あるべき姿」を求めていないかどうか、一度確認してみる必要があるのかもしれません。

私が具体的に押さえておくべきと考えるのは以下のようなことでした。

・何の目的で創る部署か？
・会社の経営・人材戦略の方向性と一致しているか？

・うつ対策や転職支援施策、合併後の人員整理施策か？
・社員への本当のキャリア形成支援と言い切れるか？
・社員が信じて相談に来てくれそうか？
・自分ならキャリアコンサルティングの効果を信じて、その相談室に行くだろうか？
・どの場所に？　どこの所属で？　いつから？　どのような陣容で？

このあたりを一つずつ、あらかじめ見極めておきましょう。みなさん、資格取得の勉強に一緒に取り組んだ仲間がいたり、何らかの講座や大会などで名刺交換や言葉を交わされた仲間がいるはずです。一人でも本気になって相談に乗ってくれるキャリアコンサルタントがいれば、そこからまた人の輪が広がっていきます。

私の周囲には社内外を問わず、支え、支えられるという関係の仲間が大勢いました。そして18年以上が過ぎて、今度は支えてきたキャリアコンサルタントに支えられる、などというケースは枚挙に暇《いとま》がありません。

2 組織立ち上げの初期

Q3 伊藤忠で組織をスタートした頃に気をつけたことは何ですか？

社員に信頼して来室してもらえること、一人でも多くの社員に「キャリアカウンセリングっていいいな」と思ってもらうことです。そのために案内や報告をどうするのが効果的であり、信頼を損なわないためには何が必要か、キャリアカウンセラーとしての「倫理規定」には違反していないか、などを考え続けていました。

Q4 スタート当初、社内への浸透に役立ったことは何でしょう？

広報誌、イントラネットでの情報発信、研修講師としての説明など、さまざまな伝達手段をフル活用しました。ただ、そのようなメディアの力をはるかに超えて、キャリアカウンセリングを一度でも経験した社員による「口コミ」の影響が大きかったと確信しています。

「退職を勧められる部屋ではない」
「自分の話を忍耐強く聴いてくれる」
「いろいろな角度から質問されて、それまで考えてもみなかったことに気づいた」
「そういう考え方もあるんだな、と気づいた」
「もう一度自分で考えて、行動に移してみようと思った」
「個人の情報を大事にしてくれる」
「何でも相談していいんだよ」
「話しやすいんだ」

「だから、一度行ってみたらどうだ？」
「紹介してあげようか？」

このような言葉を職場や同期の集まりで、また社内の運動部や文化部の懇親会などで口にしてくれたことが、かけがえのない「広がりの基礎」となっていったのです。どんな会社にも素敵な先輩と接する機会と場所があります。そこに目を向けてください。

寮生活や組合活動、女子会なども一つのきっかけになるかもしれません。私が覚えているケースでは、夜、地下食堂で開催された社長のワイン会の後、キャリアカウンセリングを知りたいと言って来てくれた社員がいました。また、一緒に長いことやっているボランティア活動の仲間たちが私の取り組みを知って、部屋に来てくれたこともあります。周囲に「キャリアカウンセリング室に気楽に行くことの意味」を語り続けてくれた仲間の存在があったことを後で知りました。

Q5 初期の頃、何か困ったことはありませんでしたか？

始めたばかりで、まだ「何をやってくれる部署かわからない」と思われていた時期に、一部の相談者から、あちこちで批判の声を広められたのは苦しかったです。

「自分の話を洗いざらいしゃべらせておいて、結局、転職先一つ紹介できる専門性がない。キャリアカウンセラーってその程度のものだ」などと言われたことがあります。謙虚に反省はしていましたが、持っていきようのない苛立ちに、相当血圧が上がったことがありました。

スーパービジョン(4)という教育が、学会や研究会で検討され始めた頃のことです。大阪に出向き、日本産業カウンセリング学会が開催する「スーパービジョン」の研究会（講師は平木典子先生、故楡木満生先生、故今野能志先生）に参加して、その意義や現状、今後想定されることなどを勉強したことも記憶しています。

相談できる専門の方がそばにいなかったため、問題を抱え込んでしまい、苦しいことが多かったです。

Q6 相談室を創ってよかったと思うことは何ですか？

苦しそうな表情や声で部屋に入ってきた方が、キャリアコンサルティングを終えて職場に帰っていく時に、明るい顔で「また来ます」と言ってくれると、よかったなあと思いました。また、何年も経ってから偶然顔を合わせた時などに、「実は、あの時、会社を辞めようと思っていました」とか「あの日で私のものの見方が変わり、人生を一歩大きく踏み出せました」などと言ってもらえた時も嬉しいです。

そして、そうした方の数が一人また一人と増えていくこと、さらには社内外にキャリアコンサルタントになる人が出てきたり、「キャリア相談の部屋」を創ってもらえることもよかったと思えることです。

---

(4) スーパービジョン＝スーパーバイザー（指導者）による、キャリアコンサルタントとして必要な専門的知識・スキル・態度・姿勢を身につけて向上させるための教育

3 組織の運用法について

Q7 社内に理解者を増やしていくためにどんな工夫をしましたか?

相談の場や研修だけではなく、あらゆる機会を通じてキャリアコンサルティングについて語り、資料を配布したり書籍の紹介に努めたりして、社内に関心を持ってもらうことでしょうか。それ以上に、経営者から語ってもらうとか、社外の講演や雑誌の取材で伝えてもらえると、社内での理解度は飛躍的に上がりますね。

とはいえ、もっとも重要なのは、来室した相談者に「また来たい」と思ってもらうこと、そして「相談に行ってみたら?」と周囲に勧めてもらえるようにキャリアコンサルティングを行うことでしょう。

そのためにも、キャリアコンサルタントは日頃から職場の状況を把握しておくことが大事ですが、来室した相談者に「周囲に気になる仲間はいませんか？」と訊くだけでも、状況がある程度分かり、声がけを促すことはできます。

Q8 社員が相談に来るのが当たり前になるような仕組みを教えてください。

具体的に二つ説明することが多かったですね。

一つ目は、2007年から始めた、入社2年目、4年目、10年目社員研修後のキャリアコンサルティングについてです。現在は研修制度の変更に合わせて、1年目、4年目、8年目の研修の時に実施しています。

最初の年には、研修修了者が253名いて、どれだけ来てくれるかと心配したのですが、東京、大阪、名古屋で全員来てくれました。一度きりではなく、再度キャリアコンサルティングを受けてくれる社員が多かったのが印象的でした。

二つ目は、キャリア採用社員研修後（伊藤忠では、中途入社社員と言わず、キャリア採用社員と言っています）のキャリアコンサルティングです。以前所属した企業での経験・スキルがあればこそ、チャレンジをし、結果的に入社してきた方々です。でも大きな変化、「転機」の時には、キャリアコンサルタントがしっかりと話を聴いてあげることや、何でも話せる場所があることの意味は大きいと思います。

この仕組みによって、キャリアカウンセリング室は、困った時に初めて来る部屋ではなくなり、行くのが当たり前の部屋へと進化していったと思います。一方で、私たちは、同年代やいくつかの部署に特徴的な問題や、素晴らしい経験やスキルを持って中途で入社してきた社員に共通の問題など、大事な情報に触れることができていたと思います。

Q9 キャリアコンサルタントは社内と社外のどちらが望ましいですか？

最初の頃は、「社内でも社外でもどちらでも同じです」とお答えしていました。それよりも、相談者が来て良かったと感じ、また来たいと思えるかが大事だからです。ただ徐々に、次のように付け加えるようになりました。「社内の事情をよく知っているという意味では〝社内のキャリアコンサルタント〟が優ります。一方、〝社外のキャリアコンサルタント〟は専門性が高く、さまざまな見方ができるし、社内に私的な情報が漏れないからそちらに軍配を上げたいというのなら〝社外〟を選択すればいい」

なお、社内外のキャリアコンサルタントの双方でスタートした、素晴らしく柔らかい発想の企業があったことをみなさんによくお伝えしていました。

Q10 人事部内と人事部外のどちらに組織を置くべきですか？

社員の目線から言えば、「人事部キャリアカウンセリング室」では相談内容をすべて人事部で管理されてしまう印象があるでしょう。心身の不調や、上司との人間関係の問題などをありのままに話すことは、昇格や海外駐在候補になった際に悪影響が出ると思いがちです。人事部内に組織を置く場合は、そうした社員の不安を払拭することが大変重要です。

一方で、現在のように個人情報保護や守秘義務の取り扱いが難しくなってくると、人事部外にあっては、個人情報に触れず、経営情報を知る立場ではなくなります。また、さまざまな人事施策・制度に関して現場の目線で気づいたことを伝えようとしても、部外者の批判と受け止められてしまいます。そのような理由から、私は、キャリア相談の部屋は人事部内に置くべきという意見です。

ただし、こうした考え方もそれぞれの企業で柔軟に考えることが望ましいと思うのです。10年近く前に人事部外に設置してから内部に移した企業もあれば、いまに至るまで部外に置く企業もあります。要は、どちらのほうが社員が来やすいのかに目線を置いてほしいなと思います。

Q11 キャリアカウンセリング室員の資格要件はあったのですか？

室長だった頃、私が命じて資格を取得してもらった人は一人もいません。人事関連だけでなく、営業の社員でも、経験豊富で、人の役に立ちたくて、新しいことにチャレンジして勉強をしたい人なら誰でもＯＫ、候補です、としました。

でも、いちばん大切なのは、部屋に入ってきた社員がほっとする笑顔や温かい言葉ができる人を求めたことです。人の話を聴いているつもり、ではなく、本当に柔らかく聴ける人を選びたいと思ってやってきました。

いまなら、国家資格キャリアコンサルタントや、1級、2級のキャリアコンサルタント技能士、産業カウンセラーを要件としてもいいでしょうし、組織に合ったルールを策定してください。

Q12 社内のキャリアコンサルタントはどのように養成するのですか？

私が室長を務めていた2010年頃までは、相談に来る社員の多くが「キャリアコンサルティング」に関心を持ち、次々に資格を取得していきました。その後も継続して資格にチャレンジしていますが、今後の部屋の存続を目指す場合は、計画的な養成に注力する必要があると思います。現実には、資格を取る前からキャリアコンサルティングを実施している企業、資格取得後すぐに多くの社員のキャリアコンサルティングを実施しているケースが増えています。

でも職場が傷んでいたり、家庭も含めて気になることが多い中で、企業内のキャリアコンサルタントに求められる経験やスキル、人間性は大変高度なものになっていて、企業や組織としてのリスク管理も重要になっていると思います。キャリアコンサルタント養成については、希望者のチャレンジを支援できるような仕組みとし、資格取得後のサポートまで重要だと考えたいものです。

Q13 スキルを向上させるために、どんな学びを採り入れていましたか?

結論から言うと、当時の伊藤忠のキャリアカウンセリング室では、室員に限定した「事例検討会」と社内のキャリアコンサルタントや産業カウンセラーにも開放した「勉強会」（キャリアコンサルティングや心理学系書籍の輪読会）を実施していました。

一方、2004年7月にキャリア・コンサルティング協議会で制定された「キャリア・コンサルタント行動憲章」には、「キャリア・コンサルタントの活動」その4として、「スーパービジョン」の項目があります。今後キャリア相談の部屋を創る意向がある企業では、ぜひ、スーパービジョンを導入されることをお勧めしたいと考えています。

スーパービジョンとは、次のようなものです。

「指導レベルのキャリア・コンサルタント（スーパーバイザー）は、キャリア・コンサルタントが抱える個別問題の本質を理解した上で、キャリア・コンサルタントの相談者に対する対応が適切かどうか判断し、相談者に対する支援の適切さ、あるいは不十分さ、自己の問題点等に気づかせ、より高度な視点から指導してキャリア・コンサルタント自身による問題解決を促すことを行う」

2001年にトライアルでキャリアカウンセリング室を始めた頃は手探りでしたが、どこかで「スーパービジョン」は入れたいと考え、何人かの先生に相談したこともありました。ただ、スーパービジョンの必要性が話題になり始めたくらいの時期だったということもあり、その段階ではできることに限界がありました。

Q14 記録の残し方や保管はどのようにしていましたか？

最初は一人で多人数の相談に乗っていましたので、十分な対応はできませんでした。ただ、部屋はカギがかかる隔離された空間でしたので、安全なキャビネットに保管できました。仕組みとしてのキャリアコンサルティングを採り入れた２００７年以降は、統一フォームで記録を残し、室外持ち出し禁止で保管してありました。

4 具体的な相談について

Q15 社員はどんな風に相談に来るのですか？

メールや電話で予約をして相談室を訪れるのが一般的ですが、直接、部屋に来られる方もいます。また上司、先輩、同僚などからの紹介もあります。研修でキャリアコンサルティングのことを聞いた後に連絡が入ることもあるし、社内のイントラネットを見て、連絡を入れてくる社員もいます。「退職の相談なんですがいいですか？」とおずおずと部屋に入ってくるケースもあります。

初期の頃とくらべて変化もあります。悩んで相談に来られる方も当然いますが、徐々に「自分のこれからのキャリアについて相談をしたい」という方が増えていきました。より前向きな姿勢の方が増えたということです。

Q16 キャリアコンサルティングではどんなことを訊くのですか？

入社年次やどういう感じで入室してくるか、また相談内容次第なので、質問内容などはマニュアル化して決めてしまわないほうがいいと思います。

事前の連絡があり、調べることが可能な場合は、相談前にさまざまなことを検討していました。でも実際にキャリアコンサルティングが始まったら、思い込みはなくし、目の前の相談者に寄り添い、白紙で聴いていくのがいい。そして必要に応じてこちらから質問をしていきます。そのような自然体でありたいと考えていました。

その際、どんなやりとりが多かったかと言えば、入社時の思いやいま何を考えているかとか、職場のコミュニケーションなどです。振り返りながらじっくり話してもらえるように、可能な限りの場づくりはしました。また、キャリアカウンセリング室を始めてしばらくしてからは、食事や睡眠のとり方など基本的なことについては、ある程度計画的に質問を入れて、本人に気づいてもらい、どういう傾向があるかをつかみ取ろうと努力してきました。でも、やはり、「訊く」以上に「聴く」ことが大切です。

Q17 メンタルヘルス対応での関係者との連携はどのようにしたらいいですか?

まさにこの部分こそ、社内外の関係者との好関係や信頼なしに、連携こうあるべしというコメントは意味がありませんね。でも、まずは、キャリアコンサルタント自身が学び続け、一人ひとりに誠実に対応していく中で、連携を取りたいと相手から思ってもらうことを大事にするといいのではないでしょうか？

関係者との連携については、一時期は形も大切にしました。お弁当を食べながらの月1度の「ストレスマネジメント部会」とか人事部上層部との週1度の朝の定例会で、どういう思いで、どのような活動をしていて、今後会社はどういう方向に向かいそうか、などを雑談のように自由に話し合いました。こうした理解があればこそ、目の前の「個人」に対するキャリアコンサルティングに集中していても、どこかで「組織」のために力をつくしていると言い切れる、と考えていたのです。

メンタルヘルスの問題を抱えた当事者が相談に来られた時には、「ここは治療のための部屋ではありません」と最初にきちんと触れるようにしました。また、病気療養中の人の場合には、「しっかり健康を取り戻す努力をした上で、キャリア相談に来てください」と伝えました。

Q18 転職支援はどのように進めていったのですか？

誠実に、丁寧に、社員目線で取り組んでいきました。

出向・転籍せずに社内に残る可能性に挑戦したいなら、もし本人が上司だったらどうすれば残したくなるかという視点でキャリアカウンセリングを実施しました。一方、社外に新しい場を求めたいなら、可能性のある企業の検討や履歴書の書き方に加えて、相手先の社長や人事部長がどう考えるか、採用面接であなたから何を聞きたいと思うだろうかという質問で、自ら考えてもらうように努めました。

転職支援におけるキャリアコンサルティングでも、相談に来る社員が老若男女、障がいを持っていようが、外国籍であろうが、途中から入社してきた社員でも、まったく違う部署から異動してきた社員でも基本は同じです。イキイキとしてもらうことを第一に考えていれば、「どうせうまく転職させるんだろう？」とか「転職支援の部署だろう？」という間違った思い込みがあっても、キャリアカウンセリング室を見る目は明らかに変化していきます。

Q19 海外、地方、出向先でキャリアコンサルティングを実施するには？

メール、電話、テレビ電話を使用してのキャリアコンサルティングも可能でしょう。また、海外からの一時帰国や、こちらから出張・訪問の機会を捉えて実施するケースもあります。各企業でいろいろ工夫しておられます。工場長や研究所長からの依頼があって行う場合もあれば、許可が取りにくい場合もあります。柔軟に考えてください。

ただ、キャリアコンサルティングの説明をしつつ、現地の管理者の相談に乗っていれば、そのライフキャリア・デザインについてとか、部下とのコミュニケーションの取り方の相談があるということはよくお聞きする話です。

出向中の社員の場合は、面接の時間や場所には細心の注意が必要ですし、連絡の取り方にも工夫が要ります。相談内容は、本社・主管部署とのコミュニケーションの問題が多かったですね。

Q20 メールカウンセリングをどう思いますか？

キャリアカウンセリング室を始めた頃は、一人でしたし、地方や海外の社員とはなかなか接点がなく、メールでも連絡をもらえれば喜んで対応していました。

ただ、海外の一人店（ワンマン・オフィス）で深い悩みを抱えていると、ついつい長いメッセージになります。また、一度親身になって返事をさしあげると、あっと言う間に大変長いメールが返ってくるということを何度か経験しました。メールでは状況を正しく判断することが難しいこともあり、徐々に慎重になりました。

そんな頃、取材で来られた方々がメールカウンセリング協会に所属しておられ、考え方を教わりました。メンタルヘルスの専門家(5)に学び、専門家を紹介したこともあります。

確かに大変難しい手法ですが、こうしたメールのやりとりでも相談者から感謝されることは相当あります。また、私のアンテナがその危険度合いを察知した場合は動く、ということもあり、「問題をただ抱えるのではない」という点を大事にしてきました。

5 中小企業に絞って

キャリアコンサルティングは、決して大企業にだけ有効なものではありません。大企業であろうが、中小企業であろうが、社員がイキイキと働く会社がいい会社である——ということを否定する人はいないでしょう。あえて言えば、企業規模が小さく社員数が少ない中小企業のほうが、やり方によってはキャリアコンサルティングの定着・浸透が早いと言えるのではないでしょうか。

中小企業の悩みである若手社員の離職も、キャリアコンサルティングで彼らが自ら成長を実感できるようになれば、その対策も不要になるかもしれません。新卒採用においても、「社員を大事にする会社」の印象につながる可能性があります。

中小企業の経営者や人事担当の方から寄せられた質問に絞って、まとめてみました。

(5) 国内だけでなく、世界中におられる日本人労働者からのメール相談に乗っておられる、横浜労災病院の山本晴義先生のお話は何度もお聴きしました。

Q21 中小企業で、キャリアコンサルティングを導入するとすれば何から始めたらいいですか？

まず、企業理念や経営方針を振り返ってみてください。人を大切にするという方針のとおり、現場の社員がイキイキと働いていますか？　社員の悩みや思いを聴く体制はできていますか？　それができておらず、会社を変えたいと思ったら、社外のキャリアコンサルタントに相談してみてください。会社の状況に合わせて社員への1対1のキャリアコンサルティングやキャリア開発研修などのアドバイスがもらえるでしょう。

より本格的に取り組もうと思ったら、厚生労働省が進めている「セルフ・キャリアドック」が大変参考になると思います。これは、「企業がその人材育成ビジョン・方針に基づき、キャリアコンサルティング面談と多様なキャリア研修などを組み合わせて、体系的・定期的に従業員の支援を実施し、従業員の主体的なキャリア形成を促進・支援する総合的な取り組み、またはそのための企業内の『仕組み』のこと」（同省の定義）です。

第5章の佐々木化学薬品は、セルフ・キャリアドックのモデル企業です。さらに、第6章でセルフ・キャリアドックについてまとめましたので、詳細はそちらをごらんください。特に、「新卒採用者の離職率が高い」「育児・介護休業者の職場復帰率が低い」「中堅社員のモチベーションが下がっている」「シニア社員を活性化させたい」といった課題に一つでもピンときたら、ぜひ第6章を開いてください。

Q22 キャリアコンサルティングの効果がよく見えないので、費用が出せません。

企業規模の大小を問わず、経営陣に「目に見える効果が出るのか」と聞かれ、キャリアコンサルティング導入を断念した人事担当者をたくさん見てきました。そういう企業は決まって「人を大切にしている」と言います。そして、「職場のストレスからうつになり、会社に来られなくなった」「周囲の人の仕事に注意を払う余裕がなくなり、社員の不正に気づかなかった」という事態が起こると、その社員個人の問題で済ませてしまうのです。

本当にそうでしょうか。キャリアコンサルティングで社員と真剣に向き合っていれば、予兆に気づき、未然に防げた可能性があります。

問題が起こってから対策を講じても間に合いません。その対応に経営者、管理職が時間を取られ、大きな費用が発生し、ストレスのために仕事にならないということが増えてきています。キャリアコンサルティングを受けて社員がストレスを軽減できたり、管理職が自ら気づいて職場の雰囲気を良くする努力をし、それが多くの人の目に留まるようになれば、これまで問題解決のために使ってきた時間や経費が要らないことに気がつきます。

社員がイキイキ働けるようになれば、職場の雰囲気も変わるでしょう。話しやすい職場となり、良好な人間関係が築ければ、それも大きな効果です。

企業経営者には、社員を大切にするというビジョンを描くとともに、現場の社員が何を求めているかに関心を持っていただきたいと思います。社員に寄り添うキャリアコンサルティングが企業の求心力につながれば、有効な投資と言えるでしょう。目先の効果や数字ばかりを追求して大事なことを見落としていないか——、ぜひ立ち止まって考えてほしいものです。

Q23 納期を守るために、ムダな時間を使えません。キャリアコンサルティングにかかる時間は？

「キャリア相談」にかかる時間というのは、基本は1時間です。でも決まりがあるわけではありません。30分を2～3回やるケースもあるでしょう。

それでも、1年間の勤務時間からみればキャリアコンサルティングの時間は0・1％にも満たないものです。大事な社員が突然倒れたり、退職するなどということがあれば、「納期」も守れなくなりませんか？　社員の将来への不安などをキャリアコンサルタントが聴き、会社が社員のキャリア形成を支援することになれば、社員がイキイキし、今後の採用に好影響をもたらす可能性があります。

なお、中小企業の経営者の中には、「社員が忙しい合間を縫ってわざわざキャリアコンサルティングに来るのだから、この際とばかりにわがままな要求をして収拾がつかなくなるのではないか」と懸念する方もかなりおられます。たとえそのような事態になっても、日頃、現場の社員を丁寧に見て、きちんと話を聴くようにして信頼関係ができていたら、厳しく指導することができるでしょう。さらに、専門性を持ったキャリアコンサルタントと話をすることで、自分勝手な姿勢が決して得にはならないという気づきが得られるかもしれません。キャリアコンサルティングの機能は、企業の人材戦略の一環になりうると考えます。

第 5 章

人と組織の活性化を進める導入企業のケーススタディ

本章では、企業内キャリアコンサルティングに
積極的に取り組んできた2社の事例を見ていきます。
組織立ち上げのきっかけや経緯、
実際に寄せられる相談事例、相談件数の推移など、
その実践からは、さまざまな示唆が得られるはずです。

1

中外製薬

社員のキャリア開発支援施策を補完する「キャリア相談室」の機能

開設から12年で1000人以上が相談に訪れる

中外製薬の「キャリア相談室」は、社員のキャリア開発支援施策を補完する組織として位置づけられ、その機能を果たしているところに大きな特色があります。

「キャリア相談室」は2007年に開設され、ここまで12年の歴史を数えます。2019年6月までに相談室を訪れた社員数は、累計で1000人を超えました。対象となる社員数は6800名ですから、約15%が訪れた計算になります。キャリア相談室の存在が社内で広く知られ、気軽に訪ねて相談できる場所であると理解され、浸透していると言えるでしょう。

相談室のキャリアコンサルタントで、人事部タレントマネジメントグループ課長の山本秀一さんは言います。

「社員の相談窓口として、弊社には他にも〝ホットライン〟〝ハラスメント窓口〟〝健康管理室〟などがあります。キャリア相談室は比較的ハードルが低いのか、そうしたいくつかの窓口の入り口として使用されるケースがあり、相談内容の見極めや各窓口との連携が重要になります。キャリア相談室に来た方が次に健康管理室を訪ねるケースもありますし、あるいはその逆もあります」

中外製薬は、もともと「キャリア申告制度」を１９８０年代から始めるなど、社員のキャリア開発を支援する文化がありましたが、２０１２年にそれを体系化しました。図示（図表6）したように、最低でも年に1回は本人とマネジャーでキャリアについて話し合う「キャリア申告制度」を基本サイクルとしています。また、「気づき、考え、語る場」「さらなる成長に向けた機会」「各種サポート機能」「ライフイベントに対応する制度・仕組み」という補完施策を用意し、必要に応じた研修や、教育支援などの制度を実施しています。その中でキャリア相談室はキャリア開発のためのサポート機能として位置づけられ、社員一人ひとりの自律に向けた支援を行い、時には職場内のトラブル解決、メンタルヘルス不調者のサポートなどにも対応しています。

これまでの主な相談内容を見ると、「仕事の悩み」「異動希望」「職場環境・人間関係」などが相談件数で上位に挙げられます。これは男女とも、ほぼ同じ傾向にあります。

図表6 キャリア開発の全体像

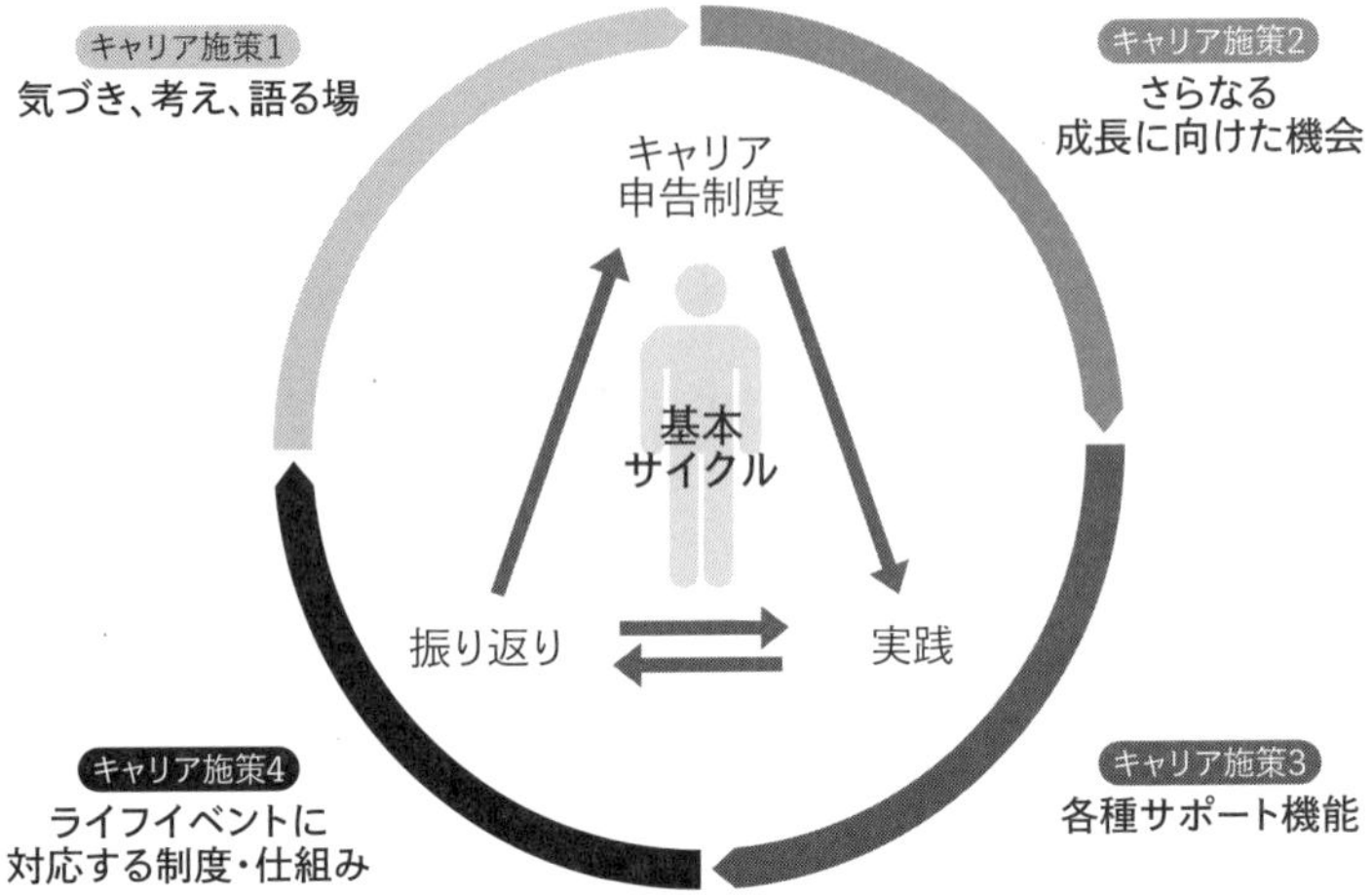

キャリア相談室の目的は、社員が満足のいく働き方を実現するための支援を行うことにあります。キャリア形成やキャリア開発について、社員は社内のキャリア相談員と対話し、相談員からは個別にキャリア形成に関する情報の提供や、能力開発のヒントを提供します。場合によっては、複数のケースから課題を抽出し、会社や部門に提言することもあります。

具体的な相談内容としては、例えば次のようなものがあります。

①自分の強み、価値観を整理することによる自己理解の支援とキャリアプランの明確化
②女性ＭＲ（医薬情報担当者）をはじめとした社員のライフイベント（結婚・出産・介

護など）に伴う制度活用、働き方の検討

③中堅社員となり上司のフォローが減り、本人も遠慮し上司に相談できないケースでの問題解決支援

具体的な例では、②について、育児休職からの復職時に、本人の働き方の希望とマネジャーの業務アサインのミスマッチが生じるケースがありました。この解消を営業部門に提言することにより、女性MRの復職時面談の仕組みづくりにつなげることができました。

最近の傾向として、中長期的に考えた自分のライフキャリアに関する相談も増えています。例えば、仕事の高度化・細分化による職種転換の難しさや、環境変化に伴う仕事の進め方、必要とされる能力・スキルの変化が背景にあります。このため、20年先、30年先の自分のキャリアを考えた時に、今はやりがいを感じながら仕事をしていても、このまま仕事を続けていていいのだろうかという不安を感じる20代、30代の社員が、営業部門や製造ラインをはじめとして増えてきたといいます。

「一人ひとりの背景が異なるため、一概には言えませんが、このような場合、キャリアコンサルタントとしては、今の仕事のどこに働きがいを感じているのかを話してもらいます。そ

して、どのような強みやスキルが磨かれているかを整理していきます。その上で、この仕事を続けていくなら、どういうキャリア像を描いていくのか、あるいは新たな職種を選ぶとしたらどういう働き方がしたいのか、何を学べばいいのかを対話を通して考えてもらいます。もちろん、若い社員の不安は理解できますが、どのようなキャリアを進むにしても、今の仕事をきちんとやることが先々のキャリアのベースになるから、腰を据えてやっていこう、と伝えることが多いです」（山本課長）

前向きに先々のキャリアプランを相談する社員が増えた

２００７年にスタートした中外製薬のキャリア相談室は、社内広報と利用者の口コミなどによって、じわじわと認知されるようになっていったと言います。

まず手がけたのは、社内のイントラネットで情報を流すことと、社内報での紹介でした。次に、研究所と工場で定期訪問日を設定して、アナウンスをしてもらいました。キャリア相談員が定期的に訪問して相談に乗ることで「毎月来る人なんだ」と認知してもらいました。また、営業支店なども含めてポスター展開をして、社員の目に届くように案内しました。

同時に、マネジャー層の認知を高める取り組みを行いました。キャリア支援の第一窓口はマネジャーで、キャリア相談室はその補完をする、という役割だからです。具体的には、新任マネジャーの研修で、部下のキャリア支援の重要性を説明した上で、キャリア相談室について紹介しました。これにより、マネジャーから部下に対して面談を勧める、というケースが出るようになりました。

相談室を訪ねる社員が徐々に増えていくと、そこからは口コミで認知が広がりました。

山本課長が解説します。

「私は2011年に異動してきましたが、前任者によれば、そのあたりが潮目となり、面談する人が増えたと言います。それまでは、どちらかというと深刻な相談の割合が多かったようですが、より多くの社員に認知されたということもあり、前向きな姿勢で、先々のキャリアプランを相談に来るケースが増えたと思います。現在は、相談内容がやや複雑化している傾向が見られます。キャリアプランを実現していくためには解決するべき課題があり、その上、働く環境の変化や、ライフプランも関わってくるなどという相談です。そのように複雑化してくると、なかなか上司や先輩には相談しにくい、ということも出てきます。加えて、一番身近な同僚との距離感は以前より遠くなっているかもしれません。モバイルも発達していま

図表7 **キャリア相談に効果！**

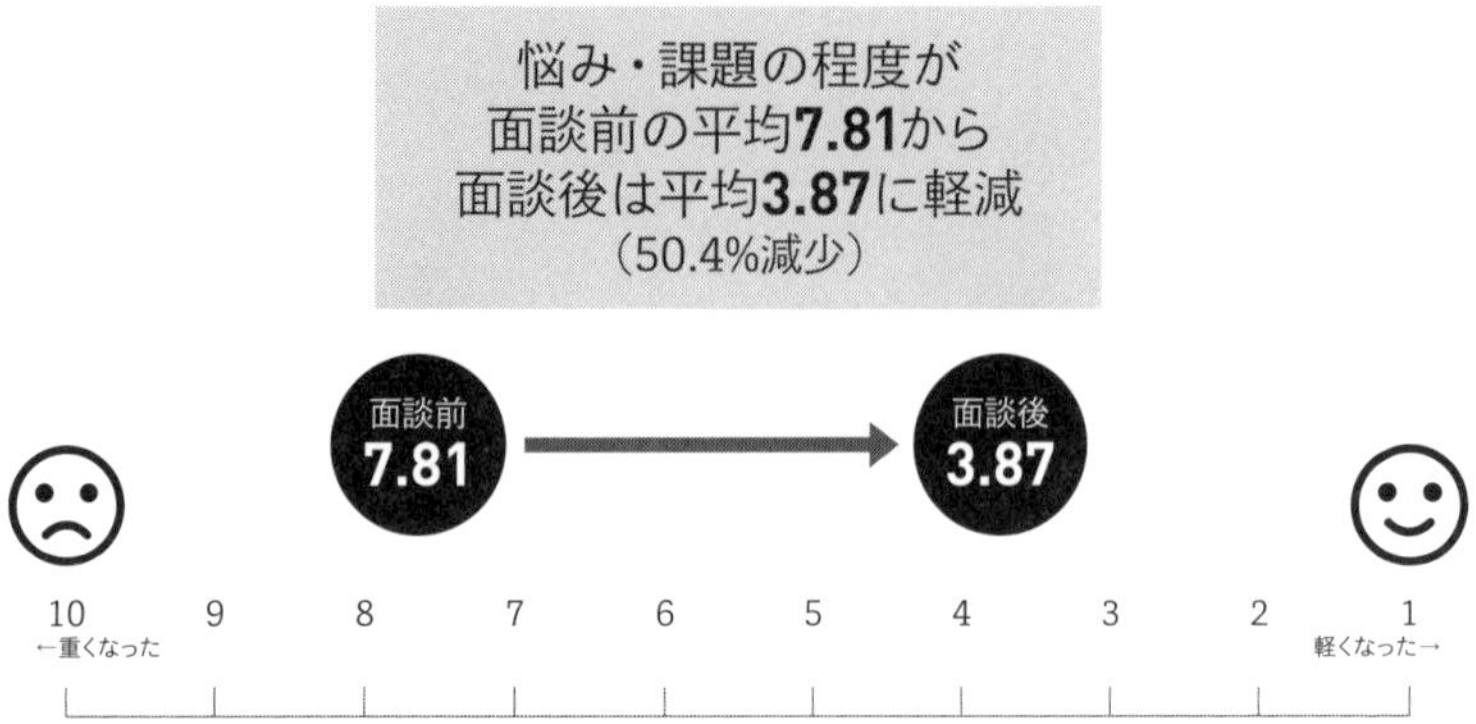

※キャリア相談前と後の悩み・課題の程度をフェイススケールにて測定。129人中72人から回答を得た。
出所：面談後アンケート結果（2017年）

すし、テレワークもあるということで、顔を突き合わせて話す機会は減っているでしょう。だからこそ、キャリア相談室の役割が、より重要になっていると思います」

もともと中外製薬のキャリア相談室は、全社のBPR（ビジネス・プロセス・リエンジニアリング）を進める中で、社員フォローを行うための組織として発足しました。多くの社員が職種転換をしたという時期が2007年ごろから数年続きましたが、実際に職種転換したことにより相談に訪れた社員は5人にも満たなかったといいます。それより、いわゆるキャリアプランについての相談や、自分が抱える課題感などを相談に来る人が多かったのです。もともと2010年までの期限がある組織だったのですが、経営に対して実情を報告したところ、そのまま継続することが決まりました。現在は3人の相談員で毎月約30件の相談に対応しています。面談後のアンケートによると、「悩み・課題の程度」の軽減に成果がありました（図表7）。

各層のニーズを新しい人事施策に反映させていく

今後の課題として山本課長は、ビジネスの環境が大きく変わってきていることを踏まえて、キャリア相談だけでは解決できないものもある、と言います。環境変化に即し、会社として新たなキャリア施策も打ち出していかなければなりませんが、その場合、社員のニーズ、会社のニーズ、働き方改革のような社会のニーズ、それらを包含した中での施策を考えていく必要があります。そこで、キャリアに携わっているからこそ、社員に対する相談機能を果たすだけでなく、キャリアの視点からさまざまなニーズを捉えた施策作りに参画することで、貢献の幅が広がると考えています。

中外製薬では、働き方が多様化していく現状を踏まえて、2018年、45歳以上の全社員を対象にアンケートをとりました。その中で、「何歳まで働きたいですか？」という問いに対して、最も多かった回答は「70歳まで」でした。その希望を実現するとなると、中外製薬だけではキャリアを描ききれないことになります。つまり、ある時期にキャリアチェンジをすることも視野に入れて、新たなキャリア開発制度を作る必要があります。同時に、キャリア開発の観点から、目の前の仕事に追われがちな日々の中で、新たな学びのカリキュラムの導入も検討されています。これについてもキャリア相談室は人材育成の部門と連携をとるなど、一定の役割を果たしています。

このようにキャリア自律に向けた支援、キャリア開発を補完するキャリア相談室は、若手社員、管理職層、シニア社員と、各層のキャリア相談に乗りながら、それぞれのニーズを把握し、新しい人事施策に反映させていくことがこれからの大きな役割となりそうです。

事例解説

中外製薬で注目したいのは以下の4点です。

①キャリア相談室が気軽に訪ねることができる相談窓口として、社内に浸透していること。

健康相談やハラスメントなどの他の相談窓口と連携して、社員のイキイキ働く環境づくり

に貢献していること

②キャリア相談室が若手、管理職、シニアなどさまざまな立場の社員たちの相談に乗りながら、彼らのニーズを吸い上げ、新たな人事施策に反映させていったこと

③キーパーソンであるマネジャー層にキャリア支援の重要性を理解してもらい、キャリア相談室の存在価値を高めていったこと

④常に経営に資することを大切にしながらも、「キャリア自律した社員」を支援するという姿勢を堅持してきたこと

同社の山本課長とは、ご自身がキャリア相談を始めた当時からのおつきあいです。もともと社員を大切にする文化がありましたが、その姿勢には感銘を受けます。読者のみなさんが自社にキャリア相談機能を導入する際、各々の企業の歴史や文化、業容や構成メンバーに合わせて独自のスタイルを探していただきたいと思います。経営方針に沿い、人事制度と一体となって進めることが大切です。

2 佐々木化学薬品

外部のキャリアコンサルティングの力を借りながら制度運用を進める

人財育成と不可分な施策としてスタート

佐々木化学薬品の事例は、外部のキャリアコンサルティングの力を借りながら、社内組織として運用を進めてきた点に特色があります。

佐々木化学薬品は、京都に本社を置く化学工業薬品のメーカーです。1946年の創業以来、金属表面処理薬品の製造販売を行ってきました。同社は、かねて企業内キャリアコンサルティングの重要性を理解し、特に2016年からは「人財育成プラン」の一環として、厚生労働省によるセルフ・キャリアドックにも積極的に取り組んできました。

キャリア支援を歴史的に見ると、ガス工事会社で人事マネジャーを務めていた杉山久美子さんが、退職後に佐々木化学薬品の人財育成アドバイザーを務めるようになったのは

２００４年のこと。同社は、次世代に向けて家業的な経営から組織経営へと舵を切るフェーズにありました。そこで、杉山さんのアドバイスを容れながら給与体系を再構築し、確定拠出年金（４０１ｋ）を導入するなど、働きやすさを考慮した体制づくりを進めます。

このような刷新の流れの中で、２０１１年にキャリアカウンセリング室が設置されました。キャリアカウンセラーの資格を持つ杉山さんが提案し、会社側が受け入れてスタートしたものです。つまり、同社は企業内キャリアカウンセリングという形で、人財育成を兼ねて、もしくは人財育成と不可分な施策としてスタートしたのです。ですから当初は、悩みの相談を受け付けるというような重い役割ではなく、職場改善の一環としてのトライアルと社内では位置づけられていたようです。

加藤志郎専務が説明します。

「社員には経営陣と同じ価値観を持ってほしい、という社長の思いがありました。仕事へのやりがいを高めることによって、より良い会社にしていきたい。そのためには、物心両面での改善と向上が必要だろう、という考えからスタートしました」

同社では、かねてより社員には男女の区別なく仕事をしてもらいたいという基本的な考え方を持っていました。そこで、研究職や営業職への女性配置も積極的に行う一方、定着率を高めるため、例えば子どもが小学校3年生まで時短勤務ができるなど、育児・介護休業法の法改正前から法を上回る制度を導入していました。また、子どもの看護休暇・介護休暇は30分単位で取得可能にし、育児・介護と両立しやすい環境づくりに努めています。

そのようなことからもうかがえる家族的な社風ではあるのですが、2011年の開室当時は、管理職にかかる業務の負担が増し、上下間のコミュニケーションが不足しがちになるという課題も見られるようになっていました。2006年に初めて女性研究職社員が誕生したこともあり、相談機能の必要性は以前よりも強くなっていたのです。その意味では、企業内キャリアカウンセリングの導入は時宜を得たものでもあったと言えます。

「例えば、育児や介護といった私生活上の事情については、なかなか上司には相談できません。その点、私自身の経験を踏まえて相談に乗ることができる強みはあったかもしれません」

キャリアコンサルタントの杉山さんは、そう指摘します。

「もちろん女性に対する配慮だけに限りませんが、そういう意味でもキャリアカウンセリング室があって良かったのだと思います」

「何を話せばいいの？」という戸惑いも

とはいえ、最初からうまくいったわけではなかったようです。

「最初は、総務課が社員の中から指名して、キャリアカウンセリング室に行ってもらっていました」と総務課の加藤和子さんは振り返ります。

「その頃の社員の反応は、キャリアカウンセリングに対して抵抗があったわけではありませんが、『何を話せばいいの？』という戸惑いは見られました。でも、中には『ちょっと話したいことがあるんですよ』と進んで仕事や職場についての不満や意見を述べる人も出始めて、自由に話をしてかまわない場所として定着していったように感じます」

自由に話せる雰囲気も大切であると、毎回お茶とお菓子を用意し、リラックスして話をする場を提供したこと、また就業時間内に面談できるのも特徴です。

職場を改善し、仕事のやりがいを高める。同時に人財育成を進める。そうした経営者の考えが、働く人の胸に常にストレートに響くとは限りません。佐々木化学薬品の場合も、例外ではありませんでした。

「人財育成をしたいと思っても、社員の間には『研修なんか受けてどうなるの？　それで会社が変わるの？』というような意識もあったと思います。自分ごとではなく〝他責〟の意識です。弊社は同族企業ということもあり、『私たちが何を言っても無理』と社員が感じることもないとは言えなかった。ですから、キャリアカウンセリングを通して、『どうなってほしいの？』と問いかけながら、『こうしたい』という〝自責〟の意識に変わってほしい、と考えていました」（加藤専務）

その後、２０１６年に、佐々木化学薬品は厚労省が推進する「セルフ・キャリアドック」を導入し、さらに積極的に社員のキャリア支援を強化しました。セルフ・キャリアドックについては次の第６章でも詳しく説明しますが、社員のキャリア自律を促すために、実施計画に基づいてキャリア研修やキャリアコンサルティング面談を定期的に実施する取り組みを指します。同社では、それまで通りにキャリアカウンセリング室を社員に開かれた自由に話せる場所としながら、対象を明確にした定期的な面談を制度化しています。

現在は新入社員（入社2〜6カ月目）、新任管理職（昇格2〜3カ月目）、育児休暇取得時・復職時、異動時というキャリアや人生の節目など変化のタイミングでキャリア面談を実施しています。その際にはワークシートを作成し、社員が自らの〝キャリア〟について考え、計画を立て、一歩踏み出せるよう支援しています。また、面談の場で社員から要望があった時には、社内の検討委員会を通じて福利厚生などの制度に反映させる仕組みも整備しました。

一人ひとりに合ったキャリアデザインを支援

セルフ・キャリアドックの取り組みとその成果について、同社では次のように捉えています。

1　**身につけるべき職務能力の明確化**：社員が「自己分析書」「職務経歴書」を作成し、今後のキャリアを考える機会になった。

2　**各人のキャリアプランとライフプランの両立**：40歳以下のキャリアデザイン研修を提案できた。

3　**上司と部下のコミュニケーションのあり方の再検討**：人事考課制度における目標面談と

フィードバックの完全実施への周知と支援につなげた。

4　**女性研究職の継続就業の支援**：上司とチームメンバーへの勉強会実施と時間有休、積立有休制度の導入を提案できた。

5　**人事異動に関する動機づけの必要性の認識**：管理職層への発表と周知を行い、該当者への丁寧な説明を実施した。

次世代に向けた新たな働く仕組みと風土に向けて、キャリアカウンセリング室とセルフ・キャリアドックは成果をあげています。

なお、面談回数で見てみると、2011年にキャリアカウンセリング室ができた当時は年間15回だったのが、最近は40回を超える回数になっています。総実施回数は275回、社員一人の平均面談回数が3回。業務の都合上1回しかできない人もいますが、多い人では11回の利用者もあります。

初めは総務課からの指名というスタイルだけで行っていましたが、自らが面談の依頼をされたり、上司から部下の面談を依頼してくるようにもなりました。また長期育児休業中の人には電話で応談するなど、その人にあった対応を行っています。セルフ・キャリアドックではワークシートを用いて面談を行うことで自身の「キャリア＝働き方・生き方」をしっかり考えてもらう時間が持てていることが大きく、課題や自らの強みが明確になり、これからのキャリアに生かせるようになっています。

杉山さんは以下のように成果を語ります。

「セルフ・キャリアドック導入後に大きく変わったのは、経営者との連携が深まったことです。それまでも連携することはありましたが、こうした制度でさまざまな課題がよく見えたことで、経営者に具体的な提案をすることができ、その提案から制度の見直しや、社員の声を直接聞く機会を持つ制度（ＭＳＫ制度＝Ｍ〈みんな〉でＳ〈すばやく〉Ｋ〈課題解決〉）の仕組みづくりのきっかけになりました」

今後の課題としては、京都本社以外の拠点で面談回数を増やす工夫をすることと、引き続き自身に気づきを与え、これからのキャリア形成に活かしてもらうことです。そしてその声を会社に反映させ、「会社の活性化」につなげていきたいと考えています。

そのことを加藤専務はこのように強調します。

「今後はキャリアイメージがなかなか持てない若手層、介護との両立を迫られる中高年層、育児に直面する女性社員など、一人ひとりに合ったキャリア支援をしていきたいと考えています。そのためにキャリアカウンセリング室の役割は大事ですし、定期的なキャリアコンサルティングを続けていきます」

最後に、最近実際にあったケースをご紹介します。

いままでキャリアカウンセリングに積極的でなかった社員が、親の介護のことで突然相談にやってきました。何回かの面談でアドバイスを受ける機会ができていたことで、このような信頼に基づくアプローチが可能になったのです。キャリアカウンセリング室を継続していくことが必要であり、社員がイキイキと働ける会社にしていくことを目指しています。

事例解説

佐々木化学薬品の事例では以下の点に注目しました。

①地方の中小企業で、社外のキャリアコンサルタントが試行錯誤を繰り返しつつ、現場から

キャリアコンサルティングの導入・展開を進めてきて成果をあげていること
②2011年にキャリア相談室ができてからも、1対1の社員相談によって各地に展開する社員から支持を受けていったこと、並びに経営層がその意義を理解していたこと
③2016年に厚労省セルフ・キャリアドック制度のモデル企業に選定されたことをきっかけに、これまでのキャリア形成支援をさらに明確にし、経営のみならず社員にも定着していること

佐々木化学薬品とのおつきあいは2004年からですが、京都だけでなく、全国的に評価を高めています。経営者に社員を大切にする意識がもともと高く、社員からのキャリアコンサルティングに対する信頼とあいまって、成果をあげている好事例です。

「地方だから」「会社の業容が小さくて、キャリアコンサルティングを導入する余地はない」という経営者や人事の担当者が大変多いのですが、本事例を参考にしていただきたいと思います。社外からの人事コンサルタントがキャリアコンサルタントの資格を取り、導入・展開、キャリア形成支援策につなげていくというスタイルは、中小企業でも十分機能するものと考えます。

第 6 章

企業内キャリアコンサルティング、これからの課題

ここまで企業内キャリアコンサルティングの基本的機能、
制度の変遷、相談の実例、導入企業の事例を見てきました。
本章では締めくくりとして、
キャリアコンサルタントの方々と、導入を検討されている方々に向けて、
企業内キャリアコンサルティングのこれからの課題を示します。

ここまで述べてきたように、職場と働き方が大きく変わる中で、イキイキとした職場をサポートする企業内キャリアコンサルティングの役割は、ますます重要になると考えます。

ただ一方で、「働き方改革」に代表されるように、個人と組織の関わりに関しては新しい状況がさまざまに生起します。企業内キャリアコンサルティングは、そのような現実に対処して機能を発揮する必要があるのです。

ここでは、「セルフ・キャリアドック制度」「パワハラ防止法」「ストレスチェック制度」「両立支援」の四つの課題を見ていきます。一言で言うならキャリアコンサルタントが目配りをしなければならない要素が増えることになり、働く人を支援し、経営に資するキャリアコンサルタントの仕事は難易度を増すことになるでしょう。

「セルフ・キャリアドック制度」以外は、必ずしもキャリアコンサルタントの専管事項ではなく、総務・人事部門が主担当となり、全社課題として取り組むべき事柄かもしれません。しかし、全社員の相談に乗ることを考えたら、アンテナはぜひとも高く巡らせてほしいと思います。

1 セルフ・キャリアドック制度

企業内キャリアコンサルティングを進める上で、現在もっとも大事なテーマがセルフ・キャリアドック制度です。「企業が人材育成ビジョンに基づき、キャリア相談室などの企業内インフラを整備し、キャリア研修・キャリアコンサルティング面談などにより、従業員の主体的なキャリア形成を促進・支援する仕組み」を指します。ＩＴ化の進展や国際競争の激化といった変化の激しいビジネス環境にあって、働く人が先回りして変化に対応し、それぞれ持てる力を最大限に発揮するために自らのキャリアについて立ち止まって考える気づきの機会が必要である、という考えがその背景にあります。

セルフ・キャリアドックは、２０１６年度からトライアルが始まりましたが、厚生労働省はここまでの成果を踏まえて、令和に入ってなお普及に注力する方針です。具体的には、モデル事業から導かれた成果やマニュアルなどを生かして、企業に対する勧奨や相談などを進めて、セルフ・キャリアドックの導入支援を行います。また安易な早期離職を志向するなど、企業内での対応が難しい若手社員を対象に、専門的なキャリアコンサルティングにより職場定着・キャリアアップを支援する普及拡大加速化事業を実施する、としています。

参考：セルフ・キャリアドック普及拡大加速化 支援サイト（厚生労働省）
https://selfcareerdock.mhlw.go.jp

現職のキャリアコンサルタントや企業内キャリアコンサルティングの制度化を進めている方々は、このセルフ・キャリアドック制度を社内に導入するかどうかを検討する必要があるでしょう。つまり、企業内キャリアコンサルティングを実施し定着させるためには、セルフ・キャリアドック制度を導入すると仕組み化やコンサルティングの技法など、さまざまな情報提供などのサポートが得られるメリットが期待できます。ただ他方では、そうした導入の得失について社内全体に、あるいは経営層に対して説明し、全社で一体となって展開することが求められるでしょう。その点が、セルフ・キャリアドック制度導入の重要かつ難しいポイントです。

もう一つは、セルフ・キャリアドック制度の前提にある「人材育成ビジョン」が企業の中

図表8 **セルフ・キャリアドックの導入・実施プロセス**

1 人材育成ビジョン・方針の明確化

(1)経営者のコミットメント
(2)人材育成ビジョン・方針の策定
(3)社内への周知

2 セルフ・キャリアドック実施計画の策定

(1)実施計画の策定
(2)必要なツールの整備
(3)プロセスの整備

3 企業内インフラの整備

(1)責任者等の決定
(2)社内規定の整備
(3)キャリアコンサルタントの育成・確保
(4)情報共有化のルール
(5)社内の意識醸成

4 セルフ・キャリアドックの実施

(1)対象従業員向けセミナー(説明会)の実施
(2)キャリア研修
(3)キャリアコンサルティング面談を通した支援の実施
(4)振り返り

5 フォローアップ

(1)セルフ・キャリアドックの結果の報告
(2)個々の対象従業員に係るフォローアップ
(3)組織的な改善措置の実施
(4)セルフ・キャリアドックの継続的改善

出所:厚生労働省

で明確であるかどうかも忘れてはならない大切なポイントです。これは「働き方改革」を企業としてどのように捉え、実践していくかという課題にも関わります。単に労働時間を短縮するというだけでなく、人材をどのように採用し、育成していくかという根本から再検討する必要があるでしょう。それがイキイキした職場を作るために、どのような働き方が自社にとって最適なのか、という問題提起の基本につながります。

仮に「人材育成ビジョン」が明確でない場合は、社内で議論を喚起しコンセンサスを得ることが求められますし、さらには、それを経営陣に示し賛意を得る必要があるのです。そのような人材育成ビジョンの策定をキャリアコンサルタントがサポートしていくことも大切な役割になり、今後のキャリアコンサルティングの定着に資するといえるでしょう。

2 パワハラ防止法

職場でのパワーハラスメント（パワハラ）防止を義務づける関連法、すなわち改正労働施策総合推進法（労働施策の総合的な推進並びに労働者の雇用の安定及び職業生活の充実等に関する法律）が2019年5月に成立し、2020年春にも施行される見込みとなりました。

法律成立により、パワハラの定義が「優越的な関係に基づき、業務上必要な範囲を超えた言動により、就業環境を害すること」と明記されました。すでに男女雇用機会均等法および育児・介護休業法の改正により、2017年1月から、各企業は職場での妊娠・出産・育児休業等を理由とした嫌がらせ（マタニティハラスメント〈マタハラ〉）を防止するために必要な措置を講じることが義務づけられています。

このパワハラ防止法は、先に述べたセルフ・キャリアドック制度の前提である「人材育成ビジョン」にも関わりますが、育成方針を決め、遂行する際に、育成のアクションについて上司の部下に対する指導が進めにくくなるおそれがあります。部下からの逆パワハラにも注意が必要です。ハラスメントを是認するということではなく、前述したパワハラの定義は、職場での言動に照らした場合、グレーゾーンを生む難しさがあるからです。

これについて、企業内キャリアコンサルタントは、二つの新たな役割を求められる可能性があります。一つは、企業の人事施策の中で、例えばハラスメント防止のための相談機能に企業内キャリアコンサルタントも関わる、あるいは主体的な役割を求められることです。もう一つは、ハラスメント防止のための管理職への研修実施など、意識喚起と啓蒙をプログラム化して実施することで、これも企業内キャリアコンサルタントに要請されるでしょう。

一見そのことは、管理職層の育成に関する前向きな行動をも消極化することになるように感じられます。しかし、言うまでもなく、正当な育成の実践は企業組織に資することです。ですから、ハラスメントについての正しい認識を、広く社員に理解してもらう必要があります。パワハラ防止法の成立は「働き方改革」の中で求められており、何よりそれを遵守することがリスクを回避し、イキイキした職場作りに不可欠です。そのような理解が進めば、企業内キャリアコンサルタントによるサポートが社内での評価につながることでしょう。

3　ストレスチェック制度

労働安全衛生法の一部改正を受けて、２０１５年12月１日よりストレスチェック制度が施行されました。社員に対して医師、保健師などによる心理的な負担の程度を把握するための検査（ストレスチェック）を実施することが事業者の義務になったのです。

参考：こころの耳〜働く人のメンタルヘルス・ポータルサイト（厚労省）
http://kokoro.mhlw.go.jp/etc/kaiseianeihou/

確かに形式としてはできたのですが、この制度を踏まえて、高ストレスと判定された社員が医師の面談を受けるという形で制度を活用しているかと言うと、まだまだ活用度が低いというのが現状です（２０１７年７月26日の厚労省実施状況報告では、「ストレスチェックを受けた労働者のうち、医師による面接指導を受けた労働者は０・６％」）。

また、法改正によって、キャリアコンサルタントが動きにくくなってしまった一面もあります。以前であれば「アンテナ機能」を発揮して、信頼感が醸成されている場合は、キャリア相談室で本音が語られ、情報が集まることも期待できました。しかし、現在では本人からの相談がない限り手を出すことはかないません。

制度の目的である一次予防、つまりメンタルヘルス不調の未然防止はいうまでもなく重要です。イキイキした職場を創ることをその役割とする企業内キャリアコンサルタントには、この制度を活用して心の健康を守るための社員に対する働きかけが求められます。それはストレスについての理解促進や、制度を活用する意義の説明といったセミナー、研修などの啓蒙活動などが具体的なアクションになります。

その際、メンタルヘルス不調を防ぐというよりも、セルフ・キャリアドック制度について述べた「キャリア形成を促進・支援する」ことをストレスチェックが支える、と考えるべきなのではないかと考えます。

4 両立支援

両立支援というのは、「仕事と子育て」「仕事と介護」など、仕事と家庭の両方をサポートすることを指し、厚労省では事業者に助成金を支給するなどの施策を進めています。

この両立支援について、新たな課題となってきているのが「仕事と病気」、例えばがんになった社員をどのようにサポートするかというテーマです。世の中の理解も進みつつあります。ただ、企業内キャリアコンサルタントは現場で社員がイキイキと働いているか、しばらく離れていても大きな不安を持たないでいられるか、そうした視点で見ていて欲しいと思います。

以下は、病気を主体に解説していますが、それ以外の理由での仕事との両立支援にも参考になると思います。

手段としては時短勤務や在宅勤務など、病気の程度に応じた手立てがありうると思いますし、すでに実践している企業も少なくないでしょう。

両立支援という課題について、企業内キャリアコンサルタントに私が特に期待したいのは、病気にかかった社員がどうしたいのか、どのように働きたいのか、その声を丁寧に聴くことです。

がんに限らず、疾患を抱えていても、働く意欲や能力があり、働きたいという希望を持つ人は少なくありません。しかし、治療と仕事の両立を支援する環境が十分に整っていないケースが多いのも事実です。

同時に、職場の上司や同僚が、当人にどのように関わっていいか迷い、過度な配慮をすることによって当人が逆にストレスを感じるなどということもありがちです。そこで、話を聴く専門家である企業内キャリアコンサルタントの役割が必要とされるでしょう。当人の希望を聴き、必要に応じて現場にそれを伝えて働く支援をすること。さらには、支援マニュアルを作成し、社内で共有することについても、キャリアコンサルタントが主体的にリードすることが期待されます。

私自身にも、かつて相談を受けた経験があります。

キャリア相談に何度か来ている社員がある時、社内の定期健康診断で内臓に影が見つかり、精密検査を勧められたと連絡してきました。本人は「精密検査をして何か病気が見つかった仲間など、ほとんどいない」と言っていましたが、話を聴いていくと、仕事、職場の人間関係、将来のキャリア、高齢の親を含めた家族との関係、財産形成の問題など、「もしこれががんだったら……」と不安がどんどん膨れ上がっていくようでした。キャリアカウンセリング室でさまざまな角度から落ち着いて話をしているうちに、近々検査を受けてみる、という自ら出した結論をメールで教えてくれました。

それからしばらくして、病院から電話が来ました。涙声でした。

「やはりがんでした。これから妻や上司に電話をするのですが、何から話したらいいのか？」

医療やご家族との関係は、その人の人生そのものであり、第三者が触れにくいこともあります。ただ、日頃の信頼に基づき、連絡してきてくれた社員が落ち着いて、しっかりと行動できるように支えることは大事な務めです。これは社内の制度とか、マニュアルでどう対応するかということではなく、どのようなキャリア相談の部屋を創りたいかがポイントになります。

この後、別のチャネルとして、その上司からも相談が来ましたが、結果的に社員本人からの依頼もあり、上司も入った3人の「大切なプロジェクト」としました。

このケースでは、幸いにして治療ののちに、職場復帰に成功しました。5年後、診察の後で話をしました。

「これからも注意して見ていきますが、もう出張も駐在も可能です」

「家族との絆も強いものになりました」

「職場のつらい立場にある仲間への優しい気持ちが持てるようになりました」

このような言葉は、いまでも忘れることができません。不安を軽減し、前向きに治療に取り組むために、キャリアカウンセリング室の機能が支えになれた事例だと思います。

＊　＊　＊

以上、四つの課題について見てきました。人材育成にしてもハラスメントにしても、人事部門だけでの対応では解決が難しいのではないか、と思わせるほど問題は多様で複雑化していると感じられます。もちろん、現場任せの対応では、もはや対処不能ではないかとさえ思うのです。

個別の課題はそれぞれに検討し、対処する必要がありますが、基本は「イキイキした職場を創る」ことであり、それが経営に資することを忘れてはいけません。

そのためにどのような組織で対応するか、どのような機能を持たせるか、については唯一絶対の手立てはありません。会社の考え方や文化に応じて、それぞれが最適解を探す努力が求められます。

ただ、現場から適度な距離を取りつつ、ケースに応じてそれぞれに関わり、働く人の話を丁寧に聴く企業内キャリアコンサルタントの役割がより重要になっていくのは明らかではないでしょうか。

巻末ブックガイド

もっと勉強したい人のための
仕事に役立つ18冊

以下に挙げるのは、私がキャリアコンサルティングの仕事を進める間に読み、糧としてきた本です。みなさんは研究者などが主催するセミナーや研修に参加したり、勉強会で異なる会社の仲間と意見交換をしたり、さまざまな学びの機会を経験されていると思います。

キャリアコンサルティングの最新の理論や知見を知り、自らを向上させることを忘れないでいただきたいと思います。また、キャリアコンサルティングに限定せず、心理学や経営学などの考え方を知ることは、働く人の心の内を理解するためにも大切です。

お薦めしたい本はたくさんありますが、ここでは四つのカテゴリーに分け、18冊を紹介します。古典的な名著もあれば、やや専門性の高いものもありますが、もし未読であれば、ぜひ、ひもといていただきたいと思います。紹介する本の中には絶版となったものも含まれていますが、昨今ではオンライン書店などで古書を気軽に入手できます。電子書籍が販売されているものもあります。

Ⅰ

キャリアカウンセリングを始めた頃に繰り返し読んだ本

1

『働くひとのためのキャリア・デザイン』

（金井壽宏著、ＰＨＰ新書、２００２年刊）

キャリアカウンセラーという資格を取り、業務についたばかりの私にぴったりきた本で、伊藤忠商事の丹羽宇一郎社長（当時）にもすぐに差し上げました。

就職した若者が現実に失望してすぐに離職してしまうのはなぜか、元気なミドルと疲れたミドルに二極化してしまうのはなぜか、といったキャリアコンサルティングで避けて通れないテーマには、傍線を引いて何度も読み返したものです。

「入社や昇進、転職といった人生の節目には、キャリア・デザインの発想で自分を見つめ直し、将来の方向をじっくり考えること」。「節目以外では偶然に流されるキャリアも長期的にはプラスに作用する」などといった著者の言葉には、働くことや自分らしく生きるためのヒントを与えられたと思います。キャリア論のロングセラーというのも納得できます。人事に携わる方の実務書という読み方ではなく、考え方を理解してほしいと、キャリアカウンセラーの皆さんにお薦めしてきました。

まだ自分が企業内で進めている活動に自信が持てない頃、神戸まで金井先生を訪ね、キャリア論と企業の現場をつなぐ話にわくわくしたことを思い出します。

2

『オーガニゼーショナル・カウンセリング序説』

（渡辺三枝子編著、ナカニシヤ出版、２００５年刊）

日本を代表するキャリアカウンセリングの研究者である渡辺三枝子先生とは、ＧＣＤＦ（グローバル・キャリア・ディベロップメント・ファシリテーター）第１回の大会に参加してお話を伺いました。その後も渡辺先生の本を読み、講演会にも出向きました。日本のキャリアカウンセラーが十分な学びの時間をかけずに資格を取得する現状に対する厳しい言葉が印象的でした。

本書では、キャリアカウンセラーが「個人」のみならず、「組織」に必要な存在であるためには何をすべきか――。問題点を整理するとともに、キャリアカウンセラーとしてどのような援助ができるかが論じられています。従業員のメンタルヘルスや若手育成への対処技法なども取り上げています。

これ以外にも著者には素晴らしい本がたくさんありますが、私は常にこの本に立ち返ります。「組織」と「個」という視点は、理論として把握しておくべきことです。キャリアカウンセリング室の仲間との勉強会で参考図書にしたり、社内外で相談を受けた多くの人事の方々にも紹介したりしました。

3

『キャリアコンサルティング 理論と実際　5訂版』

（木村周著、雇用問題研究会、2018年）

木村先生は労働省（現厚生労働省）、行政研究所（現労働政策研究・研修機構）で行政の

みならず数々の研究をされ、筑波大学でも教鞭をとられてきました。キャリアを学ぶ人はどこかで先生のお話を聴き、書籍に触れているはずです。

私にとっては、2000年に生涯職業能力開発促進センター（アビリティガーデン）での講演に伺った時からのお付き合いで、人間としてもいろいろ学ばせていただいてきました。

本書は労働行政の歴史や現場そしてキャリア理論まで幅広く学ぶことができ、2010年の初版刊行以来ロングセラーとなっています。

あとがきに、「キャリアコンサルタントは、『いつでも、どこでも、誰でもが学べ、やり直しのきく社会』の実現に向けて、先頭に立って活躍していただき、キャリアコンサルタントはそれができると私は確信します」と書かれており、キャリアコンサルタントの一人として身が引き締まる思いがしました。

具体的には、①雇用の場の確保と現場力の再構築、②障害者、高齢者、メンタルヘルス不全者など特別に支援を必要とする人たちへのキャリアコンサルティングを広めること、③「公」の視点を自覚し、「労働の人間化」と「快適職場づくり」に貢献することの3つの課題をあげています。いずれもがキャリアコンサルタントとして重要な課題だと思います。

II

「キャリアについてもっと学ばなければいけないのでは？」と感じる中で出合った本

4

『不機嫌な職場』

（高橋克徳、河合太介、永田稔、渡部幹著、講談社現代新書、２００８年刊）

「何となくいつもイライラ・ギスギス……。そんな職場になっていませんか？」と本書は問題提起しています。「組織」は感情を持つものという捉え方をし、不機嫌な職場を何とかしたいという発想こそ、今必要なことと感じ、すぐに手に取りました。赤字でなぞりながら、日々のキャリアコンサルティングの相談内容にあてはめながら読みました。

つぶされてしまう中間管理職、うつで会社を休んでしまった社員など、社員の協力関係が築けないような組織が不機嫌な職場の原因になっているといいます。品質の虚偽申告や横領などの問題が起きると、企業は「コンプライアンス」（法令遵守）体制づくりなどをしたがるものですが、おかしいと思うことがあればそれを周囲に伝えて一緒に解決していくようなプロセスを持つこと、要は、他人に関心を持てない組織が問題という解説はよく理解できました。

組織を作っているのは人であり、職場をイキイキ、キラキラさせ、そしてワクワクと仕事をしてもらうために、キャリアコンサルタントの役割が大きいと改めて確信しました。

5

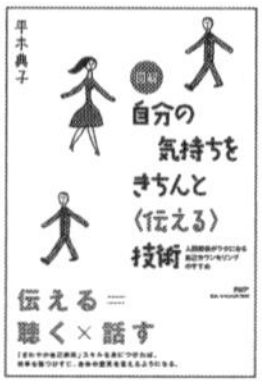

『図解 自分の気持ちをきちんと〈伝える〉技術』

（平木典子著、ＰＨＰ研究所、２００７年刊）

自分にとってはメンターのような平木先生の本です。２００１年にスタートしたキャリアカウンセリング室が数年経った頃、きちんと伝えることができずに悩む社員がいかに多いかを感じていました。そんな時に、多くの社員や社外のキャリアコンサルタントに紹介したのがこの本です。

きちんと聞いているつもり、話しているつもりがあちこちで交錯しているのが企業の現場です。誰もが気持ちがいいコミュニケーションをしたいと願っており、自分の気持ちや考えをわかってもらいたいと思っているのに理解し合えないでいます。

本書はそれが誰のせいでもなく当たり前であることを気づかせてくれ、「アサーション」というコミュニケーションスキルを解説しています。同時に、人間関係を良くするという視点で、もう一度、心理学やコミュニケーションの基礎を学ぶ重要性があると感じさせられました。

6

『心の回復　6つの習慣』

（山本晴義著、集英社、２０１５年刊）


キャリアコンサルタントはメンタルヘルスについては専門知識がないのだから、触れてはいけないと言われていた時代がありました。そんな時に、「メンタルヘルスケア・ジャパン」という大会で知り合ったのが山本先生です。

山本先生は、国の仕事として「勤労者メール相談」を行っており、相談件数は２０１８年

12月現在、10万件を超えているといいます。講演で日本中を駆け回っている、メンタルヘルスの第一人者です。同時に、いざというときにメールや電話で相談でき、紹介できる医師として心強い存在です。

心の問題はしっかりと学ぶことが大事だとはわかっているものの、大学院やセミナーに通う時間も余裕もないキャリアコンサルタントが多いと思います。この本で基本を知り、今後どのように考え、学んでいくかを考えるきっかけにしてほしいと思います。「傾聴はすべての心の病気に効きます」という話も、キャリアコンサルタントに通じるものがあります。

7

『企業内人材育成入門』

（中原淳編著、荒木淳子、北村士朗、長岡健、橋本諭著、ダイヤモンド社、２００６年刊）

産業能率大学のセミナーで出会った中原・長岡両先生が書かれた本で、企業内教育について押さえておくべき本です。キャリア、キャリア開発、人材育成という観点からしっかりした考え方を学ぶのに役立ちました。学習のメカニズムや研修の評価技法、機能するＯＪＴ（オン・ザ・ジョブ・トレーニング）などの人材育成の基本を、理論に基づき俯瞰的に解説しています。特に、「相手の話を聴く」という活動の中で、それをどのように「社員を育てること」につなげていったらいいのだろうか、と考えながら読みました。

それまで営業だった私が40歳で人事部に異動し、自分の実績にそれなりに自信を持っていただけに、新しい業務にどう取り組んだらいいのか、困惑した経験があります。そんな時、この本から、人材育成や研修にとどまらず、企業で人事の業務に携わる者としての心構えを教えられました。

8

『奇跡の脳』

（ジル・ボルト・テイラー著、竹内薫訳、新潮文庫、2012年刊）

ハーバード大学で脳神経科学の専門家として活躍していた37歳の著者を襲った脳卒中。幸い一命は取りとめたものの、脳の機能は著しく損傷しました。8年に及ぶリハビリテーションを経て復活した彼女が、科学者として脳に何を発見したのか、どんな気づきがあったのかを語っています。

テレビ番組で知った本ですが、さまざまな角度から学べる良書だと思います。キャリアコンサルティングに来る方の頭の中ではこんなことが起こっているのかもしれない、と感じたこともありました。また、医療や介護についての物語という認識で読んでも、周囲の支えや、本人と母親の絶えざる努力に感動します。私の場合は、ここからポジティブ心理学や脳科学の進化などさまざまな気づきがありました。

9

『コーチングの神様が教える「できる人」の法則』

（マーシャル・ゴールドスミス&マーク・ライター著、斎藤聖美訳、日本経済新聞出版社、２００７年刊）


GEのジャック・ウェルチ元会長のエグゼクティブ・コーチだったゴールドスミス先生の来日セミナーに参加しました。当時、コーチングをよく知らず、セミナーを受講する前にコーチングからキャリアコンサルティングへのヒントがないかと、著者の本を数冊、読みました。

本書は、人間関係や行動を変えるのに、まずはありのままの姿に気づいてもらうことがコーチングの第一歩だと述べていますが、それはキャリアコンサルティングの考え方にも通じるところがあります。特別な方法などないのです。その感想は、ゴールドスミス先生にも直接お伝えしました。

キャリアカウンセリング室に来られた管理職から「何か参考になる本がありますか？」と訊かれた時、その方の仕事や生き方に役立つと判断した場合にはこの本をお薦めしてきました。

10

『在宅勤務《テレワーク》が会社を救う』

（田澤由利著、東洋経済新報社、２０１４年刊）

企業内キャリアコンサルティングをしていて、在宅勤務について学ぶ必要があると考え、田澤さんのセミナーに参加しました。「働き方改革」という言葉が出始めた頃でしたが、在宅勤務は労務管理の面からネガティブな捉え方をされており、検討すらしない企業も多いという状況でした。

北海道に拠点を置き、国や企業に在宅勤務の重要性を働きかける田澤さんの姿勢に感動し、出版に向けたクラウドファンディングにも参加しました。

最近は東京オリンピック・パラリンピック時の混雑緩和に向けて、在宅勤務が当たり前のように議論されるようになりました。しかし、在宅勤務は、混雑緩和のためだけではなく、子育てや介護などでやむなく仕事をやめなければならない人たちが働ける仕組みとしても、災害の発生で業務がストップした場合の切り札としても、もっと普及すべきものだと思います。

III

ストレスのたまる日々に心の豊かさを思い出させてくれた本

11

『地球とわたしをゆるめる暮らし』

（枝廣淳子著、大和書房、2008年刊）

伊藤忠人事部の担当者として、若手社員研修前に、講師派遣の責任者として来ていた枝廣さんにお会いしました。そこで、1999年3月の全米キャリア開発協会のボールズビー元会長のセミナーで、通訳を務めていたのが彼女だったという話になりました。偶然に驚くとともにうれしい再会でした。

彼女は日本における地球環境問題の第一人者で、このエッセイを読んで時間や効率性に追われる現代人にはゆとりや幸せも大切だということに気づかされました。

「高度な文明を求めて地球環境をいためてきたのに、温暖化だ、異常気象だと大慌てして調査や対応に追われている。心身が不調になっても何が原因か、一人ひとりの気づきにつながっていない。ひるがえって職場はどうだろう。病欠者が出てから対策を始めるなど、問題が起きてからでないと組織は対策を練ろうとしていないのではないだろうか」。部課長研修でよくこういう話をして、皆さんに考えてもらうきっかけにしたものです。おそらく枝廣さんからの影響が大きかったことでしょう。

12

『日本の美徳』

（瀬戸内寂聴、ドナルド・キーン著、中公新書ラクレ、2018年刊）

企業で働いていると、営業でも管理部門でも、部署を問わず余裕がなくなります。そんなとき、計数や理屈を離れて、歴史や哲学などに触れる機会を持つべきではないかと思い、読んでみました。

人生の先達からの言葉には感動があります。この対談が行われたのはお二人が96歳の時です。「老いを恐れず好きなことをすることが人生の妙薬」というお二人の言葉に触れて、私もキャリアコンサルタントとして思い切り人生を楽しもうと思うようになりました。

キャリアコンサルタント資格を取得したばかりの方から、「どのようにしてストレスを解消しているのですか?」と訊かれることがよくあります。そういう時、私は「この本のように、何か自らがほっとできるよりどころを見つけておくといいでしょう」と答えていました。キャリアコンサルタントは、1対1の面談もさることながら、社内調整などでストレスが多いものです。自らの心を落ち着かせることも重視してほしいと思います。

13

『心』

（丹羽宇一郎著、毎日新聞出版、2016年刊）

人生をいかに生きるかを教えていただいた師とでもいうべき、丹羽さん（伊藤忠の当時の社長）から直接、いただきました。キャリアカウンセリング室のことが書かれてあり、全国のキャリアコンサルタント仲間にもよく紹介したものです。

丹羽さんは、20世紀が科学技術の世紀だとしたら、21世紀は「心の世紀」になると語るとともに、人間の生き方、商売や経営に至るまで、成功するには倫理観、すなわち「心」を鍛えることが重要だと説いています。

マックス・ヴェーバーの『プロテスタンティズムの倫理と資本主義の精神』、伊藤忠の創業者の伊藤忠兵衛の精神でもある近江商人の「三方良し(売り手良し、買い手良し、世間良し)」の精神など、洋の東西を問わず、健全な資本主義の発展には倫理観があったというのです。

私は、社会人になった時、父から「『心』がビジネスの基本だ」と言われました。この本のサブタイトルにあるのも、「クリーン・オネスト・ビューティフル」。キャリアコンサルタントとして、「心」の重要性を忘れないようにしていきたいと思っています。

Ⅳ

最近のキャリアの動きを把握するのに役立った本

14

『これからのキャリア開発支援』

（労務行政研究所編、労務行政、2016年刊）

2016年から2年間、厚生労働省の「セルフ・キャリアドック導入支援事業推進委員会」で座長を務めた花田光世・慶應義塾大学名誉教授が「キャリア開発の新展開」として、国が法制化を進めてきた背景やプロセスなどをまとめています。

キャリア開発支援をどのように推進したらいいのか、成功させるためにはどんな工夫をすればいいのかといった実務面は日本マンパワーが執筆。サントリーホールディングスや帝人などの事例も紹介され、キャリア開発支援を多角的にとらえた内容になっています。

周囲から相談を受けた際、経営、人事、キャリアコンサルタントを問わず、「まずこの本を読んでみてはいかがでしょうか」とお伝えしていました。

15

『組織開発の探究』

（中原淳・中村和彦著、ダイヤモンド社、2018年刊）

400ページを超える大作で、多忙な業務に追われる人事部員がじっくり腰を据えて読むにはつらいのですが、さらりと読み、その後、側に置いておき、事あるごとに触れてほしい本だと思います。企業の中で人材戦略、人事施策を練る方々も、本書に書かれた組織開発の歴史や理論を押さえておくことで、これからの「組織」と「個（人材）」の開発や育成を進めるのに参考になることが多いと思います。

私は、巻末の100年の歴史表「組織開発の系譜」を参考にしながら、第5部の「組織開発は『経営に資するべきもの』か『人に資するべきもの』か」という2人の先生の対談を何度も読み返しました。そこからサブタイトルの「理論に学び、実践に活かす」の意味が見えてくると思うのです。

16

『ライフ・シフト』

（リンダ・グラットン／アンドリュー・スコット著、池村千秋訳、東洋経済新報社、２０１６年刊）

共著者の一人であるリンダ・グラットンさんはロンドン・ビジネススクール教授で、人材論や組織論の権威。『ワーク・シフト』や『未来企業』も読んできており、２０１６年にこの新作が出た時もすぐに買い求めました。

サブタイトルに「１００年時代の人生戦略」とあるように、長寿社会では、足並みをそろえて教育、勤労、引退という3つのステージを生きる時代は終わり、私たちは多様な選択肢を持つ必要が出てきたと言います。

ただ、長寿社会と言うと、どうしても年金など将来のお金の不安ばかりに目が行きがちです。もちろん、大事なことではあるのですが、キャリアコンサルタントとしては、世界がどのように変化してきてどんな方向に進もうとしているのか、その中でどのような生き方、働き方がありうるのか、もっと深い読み方をして気づきを持っていただきたいと思っています。

17

『定年後』

（楠木新著、中央公論新社、２０１７年刊）

25万部を超えるベストセラーになった本書は、現役の間は我が事としてなかなか直視することのなかった定年後の現実を、取材を通して明らかにしています。定年後の充実した人生をいい顔で過ごす、真に豊かに生きるためのヒントも提示しています。キャリアコンサルタントとしてシニア層と対話をする時、知っておくべきリアルな姿が描かれていて参考になります。「シニアやミドル層への研修」を企画・運営する人事関係者や若いキャリアコンサルタントは、こうしたリアルを踏まえて提案することも大事でしょう。

実は、著者の最初の本を紹介してくれたのは丹羽社長（当時）でした。そこから東京・大阪での著者の講演に参加したり、キャリアカウンセリング室を訪問してもらったりという行き来が始まりました。

18

『人工知能と経済の未来』

（井上智洋著、文春新書、２０１６年刊）

時代の大きな変化に気づかない社員が目の前にいても、その変化について不勉強なキャリアコンサルタントでは相談に乗れるだろうか？　そのような思いから、気鋭の経済学者である著者のセミナーに出向きました。

汎用ＡＩ（人工知能）が生み出す「第４次産業革命」で、多くの人の仕事がＡＩに奪われるといわれています。その危機感をどう捉えたらいいのか、日本人としてどう生きるべきか、前向きに考えることはできないのかと考えさせられました。

キャリアコンサルタントにとっても、ＡＩによってなくなる職業のことやＡＩがどういう形で「人間さま」に影響するのかは大きな問題です。こうした新しい動きを先取りするようにし、常に勉強してほしいと思います。

おわりに

最後までお読みいただき、ありがとうございます。
本書を締めくくるに当たり、あらためて執筆に至った動機を振り返りながら、いまの思いをまとめてみたいと思います。

本書を執筆しながら、伊藤忠商事のキャリアカウンセリング室に訪ねてきてくださった多くの方々、また退職後に各地でお目にかかった方々の顔を思い出していました。企業で忙しい業務の合間にキャリアコンサルティングを学び、資格を取得して、それぞれの組織で機能を発揮しようと試行錯誤を重ねている人はたくさんいます。かつて私自身がそうであったように、その多くが企業内でキャリアコンサルティングを展開しようとして、さまざまな壁にぶつかり苦労されていました。そんな仲間たちの役に立つような情報や知識を伝えたい。それが本書を執筆する動機でした。

キャリアカウンセリングと出合い、業務として取り組みながら、私は個がどうすればイキイキとするか、また、個をイキイキさせる組織のあり方について、さまざまなことを考えてきました。会社を退職した後も、キャリアコンサルティングは私のライフワークとなり、ありがたいことに厚生労働省をはじめ、さまざまな組織から機会をいただいて、普及のお手伝いをしています。働く人すべてが元気に毎日を過ごし、いい仕事をして会社に貢献すること。それをサポートするキャリアコンサルタントの役割は大きく、とてもやりがいのある仕事であると私は考えています。

とはいえ現状を見ると、現場で業務に取り組むキャリアコンサルタントの思いと、経営者の思いは、必ずしも一致しているわけではありません。では、どのように職場の現実を経営層に気づいてもらい、キャリアコンサルティングの必要性を理解してもらうか。道は一つではありませんが、私の経験を踏まえてアイディアやなすべきことを本書にまとめました。

繰り返しになりますが、職場は、大きく変化しています。また、これからも変わっていきます。例えば、私が社会人になった45年前は、私の机の上にパソコンはなく、ファックスやeメールというものもありませんでした。インターネットが普及したのは1995年から。その後、携帯電話が登場し、スマホを持つのも当たり前になりました。最近では、ビジネスパーソンの多くが、パソコンのディスプレイに向き合うことが、会社での仕事時間のほとんどを占めているかもしれません。

変わったのは、そんな情報環境だけではありません。社内外でのコミュニケーションでは、中堅層や管理職層は、若手に気を遣いながら声をかけています。強いトーンでものを言えば、それが業務上の指示や注意であったとしても「ハラスメント」と受け取られる懸念もあります。時短勤務や在宅勤務も珍しくなくなり、そもそも部下が上司と顔を合わせて相談をする機会が減っています。そのような職場の現状を考えると、働く人が誰でも気軽に訪ねることができ、プライベートも含めて自然に相談ができる企業内キャリアコンサルタントの存在の重要性が増していると私は考えます。

多くの企業にキャリアコンサルティングが根づき、またキャリアコンサルタントのみなさんがやりがいを感じながら日々の仕事に取り組むために、本書がいささかなりともお役に立てれば幸いです。

私はこれからも日本全国を回って、キャリアコンサルタントの方々と語り合い、いろいろと教えていただきたいと願っています。特に、地方に行くと、中小企業ならではの悩みや難しさがあり、さまざまな相談が寄せられます。でも、見方を変えてみてください。中小企業であるからこそ、キャリアコンサルティングへの理解が進めば、一気に社内に広がる可能性もあります。

これまでの経験からお話をしたいことがたくさんあります。どうすればイキイキした社員が多い魅力的な会社になれるか。キャリアコンサルタントに何ができるか――。そのような交流を通して、みなさんも私も、新たな気づきが生まれることでしょう。

キャリアコンサルタントのみなさんへのエールを込めて、資格を取得したことを報告してくださる方に必ずお伝えする言葉をご紹介します。

「素晴らしい資格に気づき、チャレンジし、合格したこと、本当におめでとうございます。実はこれからがスタートです。一層学び、悩み、相談に乗り、個から組織へと貢献する、そんな日々を送ってください。そしてそんなご自分をしっかりと褒めてください。苦しいこと、辛いことは山ほどあります。でも公私にわたり充実した人生が送れます。私がそれを実感できるのは20年前にキャリアカウンセリングと出合ったからと断言できます。楽しく頑張ってくださいね。」

最後になりますが、本書の企画の段階から並走してくださったライターの間杉俊彦さん、編集をご担当いただいたダイヤモンド社の小川敦行さん、大坪稚子さんに心より感謝申し上げます。

また、いつも私を支えてくれる妻・真弓に誰よりも感謝します。これからあと何年も一緒に過ごしていく「とき」と「場」を大切にしたいと考えています。

2019年9月吉日

浅川正健

［著者］
浅川正健（あさかわ・まさたけ）
浅川キャリア研究所所長
1973年、慶應義塾大学卒業後、伊藤忠商事に入社。エネルギー本部で海外駐在９年を含む17年間営業の第一線で活躍。1990年に人事部に異動。キャリアカウンセリングに関心を持ち、2000年に１期生としてCDA（キャリア・デベロップメント・アドバイザー）の資格を取得。伊藤忠において日本初の全社員対象のキャリアカウンセリング室立ち上げに尽力。2002年7月に正式に開設し初代室長に就任。2015年に退社後は浅川キャリア研究所を設立し所長に就任。厚生労働省研究会の委員活動、全国での講演やセミナー、企業へのアドバイス、大学での授業、取材、執筆など「企業内キャリアコンサルティング普及」をライフワークに精力的に活動している。CDA、国家資格キャリアコンサルタント。

企業内キャリアコンサルティング入門
個人の気づきを促し、組織を変える

2019年10月16日　第１刷発行
2023年11月１日　第３刷発行

著　者――浅川正健
発行所――ダイヤモンド社
〒150-8409　東京都渋谷区神宮前6-12-17
https://www.diamond.co.jp/
電話／03･5778･7229（編集）　03･5778･7240（販売）
編集協力――間杉俊彦
ブックデザイン――青木 汀（ダイヤモンド・グラフィック社）
校正――――鷗来堂
製作進行――ダイヤモンド・グラフィック社
印刷――――八光印刷（本文）・加藤文明社（カバー）
製本――――加藤製本
編集担当――大坪稚子

ISBN 978-4-478-10804-8